MAURO HALFELD

PATRIMÔNIO

PARA VOCÊ GANHAR MAIS E VIVER MELHOR

EDITORA GLOBO

Aos meus pais,
por tudo o que me ensinaram.

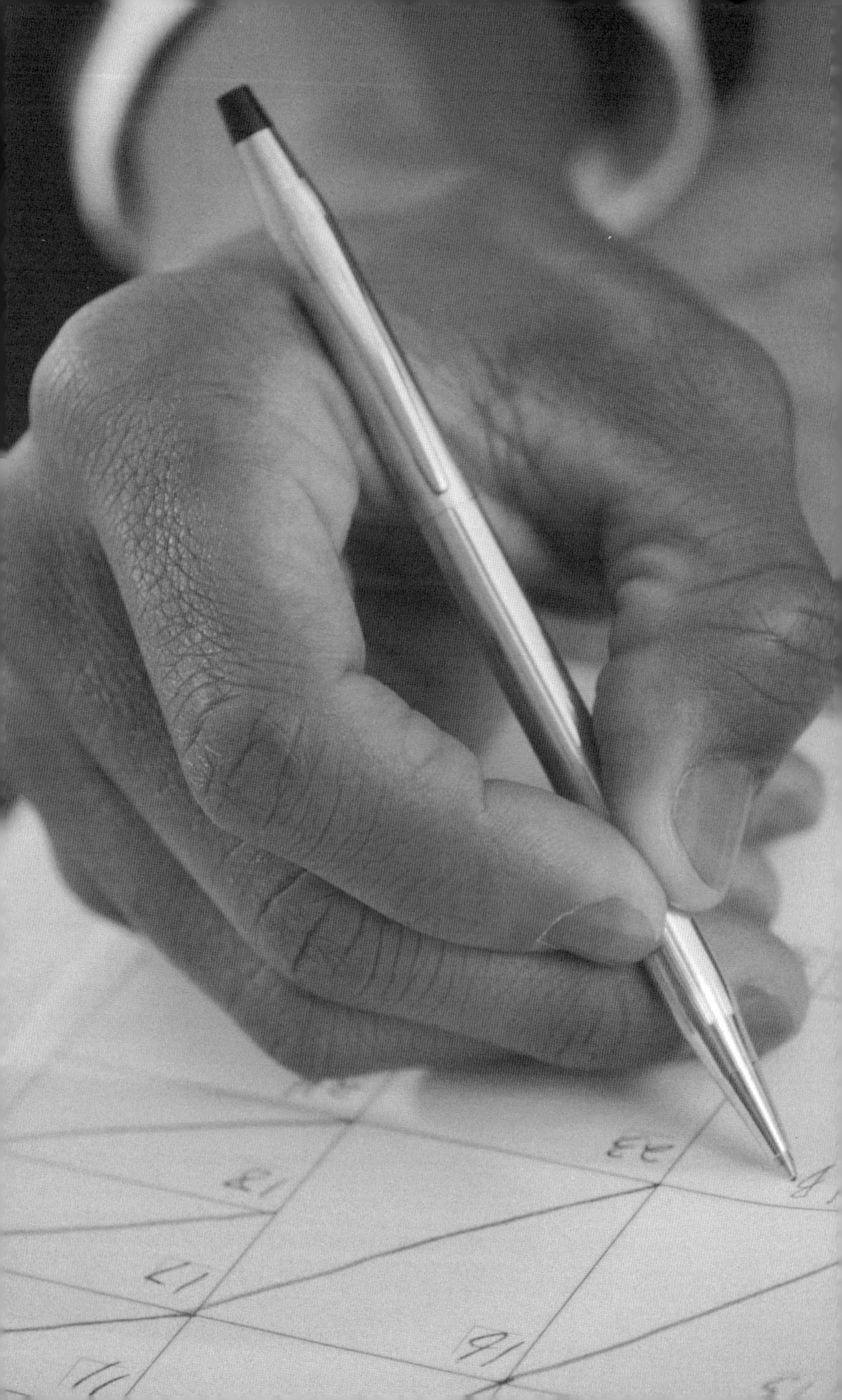

SER E TER: OS DOIS LADOS DA MOEDA HUMANA

O empreendedor, o profissional liberal e o executivo não têm total controle sobre a própria vida. Os funcionários e os empregados também não. No nosso dia a dia, a vida familiar é afetada pelas crises e problemas nos negócios da mesma forma que os negócios são afetados pelas crises familiares. Por vezes, parece ser impossível conciliar a construção de um patrimônio sólido com a ideia de viver mais e melhor, desfrutando de bons momentos com os filhos e companheiros ou companheiras.

Por isso, reconheça que crises e dificuldades podem acontecer e que você, sua família e seus negócios precisam estar muito bem preparados. Pelo menos, tenha consciência da inevitabilidade dessas crises ao longo da sua história.

E aproveite esse conhecimento para equilibrar sua vida. Encare cada um dos aspectos da sua vida – família, negócios, lazer, saúde – como pilares fundamentais para o equilíbrio. Mas, sobretudo, valorize todos os momentos passados com sua família. Essas oportunidades não voltam.

“Imagine que você deixe de comparecer a uma solenidade na escola de seu filho por conta de uma emergência no trabalho. Daqui a um ano, eu aposto que você nem vai se recordar da tal emergência no trabalho, mas seu filho não vai ter esquecido que você não foi à festa...”

É, meu amigo ou minha amiga, o custo do sucesso pode ser alto demais se você não levar uma vida equilibrada. Se um dos pés da cadeira quebrar, ela não vai parar em pé. Preocupe-se em construir um patrimônio para a sua família, mas não a deixe de lado enquanto levanta as paredes do seu abrigo financeiro. Dinheiro só tem sentido quando pode trazer conforto e segurança para você e para quem você ama.

Para concluir, uma frase de Samuel Johnson, um poeta inglês que viveu no século XVIII:

“Ser feliz em casa é o resultado final da ambição.”

Capítulo 1

11 lições da crise

A crise de 2008 será um importante capítulo nos futuros livros de história econômica. Ela nos deu lições novas e nos obrigou a recordar teoremas empoeirados em nossa memória.

1
A ECONOMIA É CÍCLICA

As fases da Lua, as marés, as estações do ano, a noite e o dia: a mãe natureza insiste em manter ciclos. E os homens também. Nas épocas de fartura, tendemos a esquecer que tempos difíceis nos aguardam. Nas fases de crise, exageramos no pessimismo. Ganha mais quem percebe os excessos e se distancia das massas. Perde menos quem mantém o equilíbrio e a coerência no longo prazo.

2
USAR O DINHEIRO DOS OUTROS É PERIGOSO

Gastar mais do que se ganha é uma delícia quando se tem crédito disponível. Mas é dinheiro dos outros. Um dia, eles podem não renovar seu crédito, e você vai entrar em pânico. Não fique refém de dívidas. Só faça empréstimos se você realmente tiver condições de pagá-los. Não especule com o dinheiro dos outros acreditando piamente que dias melhores virão – eles podem se atrasar.

3
CONFIE DESCONFIANDO

Delegar a terceiros a responsabilidade de administrar seu dinheiro pode lhe trazer grandes dissabores. Essas pessoas talvez até tenham bastante conhecimento técnico, mas conflitos de interesses são frequentes e costumam superar a razão de muitos profissionais. Fique atento e busque identificar administradores idôneos.

Diversifique suas fontes de informações. Nunca acredite 100% em um profissional apenas.

4
TODO DIA SAEM DE CASA UM ESPERTO E UM TROUXA

E eles vão fechar um negócio. Cuidado para não ser o trouxa nesse enredo! Não se iluda com ganhos fáceis e ininteligíveis, porque geralmente são as bases de uma pirâmide financeira. Nos Estados Unidos, Maddoff e Stanford enganaram muitos milionários que se julgavam superiores.

5
BUSQUE A SIMPLICIDADE

Invista só em produtos que você realmente entende. Leia as instruções, confira os históricos, prefira investimentos tradicionais e transparentes. Quem vende caixas-pretas costuma expor seus clientes a grandes riscos.

6
BOLHAS SÃO DIVERTIDAS, MAS ESTOURAM

Quando os preços fogem muito de suas médias históricas, é hora de sair e apreciar o movimento dos ingênuos de última hora. Eles vão acabar pagando a conta.

7
QUEM TEM CAIXA É REI

Durante crises, cortar despesas não essenciais e manter dinheiro em aplicações de renda fixa são fundamentais para preservar sua saúde financeira.

8
NÃO TENTE ADIVINHAR ONDE É O FUNDO DO POÇO

Errar custa caro no mundo da especulação. Melhor voltar a investir lentamente, em doses homeopáticas.

9
O BRASIL NÃO TEM AIR BAG

A freada da maior locomotiva do mundo gerou efeito em todos os vagões.

10
QUEM RI POR ÚLTIMO NÃO RI MELHOR

No mercado financeiro, quem chega no final da festa aproveita pouco e geralmente paga a conta. Melhor acompanhar o início dos ciclos e tentar sair antes do fim. Quem começou a investir em ações só em 2007 ou em 2008 hoje está muito triste. Mas não adianta desanimar. Encare essas perdas como uma dolorosa aprendizagem.

11
DIVERSIFICAR NÃO É A MELHOR MANEIRA DE FICAR RICO, MAS É UMA BOA FORMA DE NÃO FICAR POBRE

Quem investiu a maior parte do patrimônio em ações perdeu demais. Manter uma boa parcela dele em renda fixa não rende tanto nos momentos de euforia, mas é a única maneira de comprar barato nos momentos de crise. E de dormir bem à noite.

Capítulo 2

Suas contas

Fazer sobrar dinheiro no orçamento familiar é um enorme desafio. Mas vale a pena despender os melhores esforços para realizar essa tarefa.

Cortar gastos, pagar dívidas, fazer regime, ir ao dentista. Para quase todo mundo, isso é bastante desagradável. Por que, então, não deixar para depois?

Um dos grandes desafios de uma família é manter sob controle o orçamento doméstico. É difícil sustentar as contas nos bancos e os cartões de crédito. Isso sem falar nas despesas sazonais, que desequilibram o planejamento: seguro do carro, matrícula da escola, férias e presentes diversos. Os poucos que tentam monitorar as despesas por meio de softwares financeiros costumam desistir em pouco tempo – ficam cansados das notícias ruins, que só confirmam seus gastos em excesso.

Você deve conhecer uma antiga técnica: separar quantias em envelopes com destinos certos. Dinheiro para o telefone em envelope próprio. Verba para pagar as mensalidades escolares em outro envelope. Dinheiro para as férias? Não tem problema: divida R$ 5.000 em dez prestações de R$ 500 e guarde esse valor mensalmente em outro envelope. Na hora certa, estará tudo lá, sem surpresas. Só que você vai deixar de receber os juros que poderia obter com aplicações e ainda corre o risco de ter o dinheiro roubado.

Com o auxílio do computador, é possível trazer o raciocínio dos envelopes para o século XXI. Basta separar as principais despesas em diferentes pastas de uma planilha eletrônica. A grande vantagem é que você vai saber antecipadamente quando o dinheiro no envelope – ou melhor, na pasta – estiver acabando. Isso servirá como um alerta para fugir das lojas por um tempo. Por outro lado, sobras nas pastas podem ser transferidas para a previdência privada ou para a compra da casa própria. Em pouco tempo, o usuário desse método deixará de ser um passageiro e assumirá o volante do veículo que conduz sua vida financeira.

Fazer sobrar dinheiro no orçamento familiar é um enorme desafio. Mas vale a pena despender os melhores esforços para realizar essa tarefa. No Brasil, a punição para quem gasta mais do que ganha são os juros elevados cobrados pelo sistema financeiro. Mas a recompensa para quem consegue equilibrar as contas também é alta. A multiplicação do patrimônio ao longo dos anos dá uma enorme satisfação e permite que a família concretize a maior parte de seus sonhos.

Eu também costumo adiar o que não me traz prazer ou o que, penso, dá muito trabalho. Mas adiar prioridades só cria mais problemas. Outro dia, li um interessante exemplo criado pelo inesquecível escritor americano Mark Twain: imagine que, por algum motivo de saúde, você seja obrigado a comer um sapo vivo, grande e melado.

Não há escolha, é preciso comer para sobreviver, uma questão de vida ou morte. Quando você vai querer comer esse sapo? Vai deixá-lo sobre a mesa do escritório? Em cima da pia da cozinha até que surja um pouquinho de vontade? Na sacada do apartamento, enquanto você pensa sobre o assunto? Ou vai sair para o boteco com os amigos para esquecer o problema? Tudo isso só aumentará seu grau de insatisfação. Aposto que você não encontrará mais prazer na vida. Ficará imaginando qual é o sabor daquele sapo nojento.

A melhor saída? Engolir o sapo o mais depressa possível. O anfíbio não vai ficar com gosto melhor depois de alguns dias. Por isso, é bom enfrentar logo o problema. Comendo o sapo agora, você vivenciará a mesma experiência desagradável que teria ao comê-lo daqui a cinquenta dias. Só que, ao resolver a questão imediatamente, você vai se livrar do estresse de ficar pensando no sapo. Depois de comê-lo, ele não habitará mais seus pensamentos.

Seguindo essa estratégia, Mark Twain dizia ser melhor deixar as piores coisas para o início do dia e, para o fim, reservar apenas o que lhe dá prazer. Quem adia problemas foge da realidade e só fala sobre coisas vagas, em um futuro sempre distante.

Geralmente, pessoas fracassam não porque trabalham pouco, mas porque se ocupam de muitas coisas sem importância. Sucesso financeiro tem muito a ver com escolher o que precisa ser feito, saber eleger prioridades. Fazer o que se gosta não é suficiente para ficar bem na vida. Mas, se você conseguir criar uma disciplina para executar primeiro o que é desagradável, provavelmente ficará numa situação muito privilegiada.

Aproveite o exemplo de Twain e pague suas dívidas, crie uma reserva para emergências ou comece logo os investimentos em previdência. Depois disso, o mundo financeiro será só sorrisos para você.

As facilidades do cheque especial compensam o seu alto custo?

O cheque especial é um produto polêmico. Rápido e prático, mas muito caro. Resolve problemas e cria tormentos. Nos últimos dez anos, popularizou-se. Hoje, um cidadão de classe média tem dificuldades de manter uma conta-corrente sem ser convencido a aceitar um limite de crédito.

Originalmente, tratava-se de um produto de luxo. Foi criado como uma fonte de recursos para emergências, mas acabou se incorporando ao salário do brasileiro comum. Por não planejar os gastos pessoais, ele acaba sendo um usuário frequente. O cheque especial se tornou uma arma contra a população, que conta com poucos instrumentos de amparo nos momentos de crise. Por isso, ela aceita pagar juros altos. Alguns se viciam no uso do limite de crédito e jogam fora parte considerável de sua renda mensal. Em casos mais graves, acabam ficando inadimplentes e perdem o acesso a outras formas de crédito mais saudáveis.

Penso que o cheque especial, assim como acontece com alguns investimentos mais arriscados no mercado de capitais, deveria estar disponível somente para clientes sofisticados financeira e intelectualmente. Ou seja, só o usaria quem já fosse rico e soubesse muito bem de seus custos. O produto voltaria a sua origem, ficando disponível apenas para clientes muito especiais. Exatamente o oposto do que acontece hoje, quando tem sido especial só para os bancos.

QUAIS SÃO AS PRINCIPAIS DICAS FINANCEIRAS PARA AQUELES QUE POSSUEM UMA RENDA FAMILIAR VARIÁVEL?

Essas pessoas precisam ter uma grande disciplina e poupar muito. Atrevo-me a colocar uma meta: economizar 30% da renda anual, pelo menos nos quinze primeiros anos de profissão. Essencialmente, é preciso ter uma bela reserva para emergências em investimentos facilmente resgatáveis. O ideal seria juntar uma reserva equivalente a pelo menos seis vezes o valor de suas despesas mensais, para enfrentar as surpresas desagradáveis do dia a dia sem cair no endividamento. Mas não é só isso. Apesar das constantes críticas recebidas pelo INSS, considero-o, ainda hoje, insubstituível. Não apenas pela aposentadoria, mas também pela pensão (em caso de morte, de doenças ou de acidentes). Por isso, quem tem renda variável não deve se iludir com a sensação de mais dinheiro na conta-corrente e desprezar as contribuições para a previdência oficial. Quem tem renda mais alta (acima do teto do INSS) deve buscar uma forma de aposentadoria complementar. Tesouro Direto, fundo de ações e VGBLs são os caminhos mais indicados para quem almeja a verdadeira independência financeira.

SERÁ QUE SUA ALMA GÊMEA TAMBÉM TEM AFINIDADES COM VOCÊ EM ASSUNTOS SOBRE DINHEIRO?

Ela não precisa ganhar tanto quanto você. O mais importante é que esteja de acordo com seus sonhos e objetivos financeiros. Caso contrário, muitas discussões acontecerão. É comum haver choque de ideias entre o casal quando o assunto é dinheiro. Um cônjuge pode ser gastador, enquanto o outro trabalha como um louco e economiza, pensando no futuro. Frequentemente, os conflitos são inevitáveis.

Como fazer para que não sejam tão ásperos? Penso que, em primeiro lugar, o casal deve fazer um nivelamento em termos de educação financeira. Conhecer o efeito perverso dos juros no cheque especial e no rotativo do cartão é fundamental. Elaborar um orçamento doméstico bem simplificado é uma forma extremamente útil para conhecer os reais limites financeiros da família. Contas conjuntas em bancos ou no cartão de crédito costumam trazer acomodações e aborrecimentos. Se os dois têm renda própria, é aconselhável que abram contas separadas. No fim do mês, um rápido acerto concilia os gastos, e nada impede que um cônjuge empreste para o outro em momentos de dificuldade.

Infelizmente, muitos casais brasileiros, até hoje, gastam além de suas possibilidades reais. O preço disso é alto demais. Eles terão de trabalhar muito tempo só para pagar juros. A saída seria criar limites de gastos para cada um, com punições para quem ultrapassá-los.

PLANOS DE SAÚDE

Tenho 39 anos, a mesma idade de minha mulher, e duas filhas: Luiza, de 6 anos, e Luana, de 9 meses. Pago mensalmente R$ 420 para um plano de saúde familiar. Existe alguma opção para eu cortar esse gasto e formar uma reserva própria para custear despesas médicas? Há algum estudo ou cálculo feito com base na idade de cada pessoa para servir de modelo? Gostaria de alimentar essa reserva com depósitos mensais de R$ 210 (50% do gasto atual com o plano de saúde). – Ricardo

Os planos de saúde e os seguros de forma geral funcionam dentro da mesma lógica: uma grande quantidade de clientes paga uma mensalidade para que alguns poucos possam ser amparados num momento de necessidade. Como nem todos os clientes deverão usufruir dos benefícios, as seguradoras ainda conseguem ter lucro com isso. Particularmente, torço para que eu continue a ser uma boa fonte de lucro para meu plano de saúde. Da mesma forma, não me aborreço na hora de renovar o seguro de meu carro e de perceber que não acionei a seguradora nos últimos oito anos. Sou um feliz pagador de seguros. Sabe por quê? Porque acredito que estarei protegido no momento em que a sorte não me sorrir na vida real. Quando meu carro for roubado ou quando eu sofrer um sério acidente, terei alguém para pagar a conta. Esses eventos negativos, chamados de "sinistros", são raros (ainda bem!). Mas custam muito dinheiro para pobres mortais como você e eu. Podem arruinar a vida financeira de uma família. Por isso, prefiro pagar para alguém assumir esse risco em meu lugar, isto é, prefiro pagar plano de saúde e seguros em geral. Quanto aos cálculos, eles não funcionam para amostras pequenas, como a de sua família. Só servem para grandes amostras, com milhares de pessoas, que permitem a diluição dos riscos. Em resumo: você pode até pesquisar produtos mais baratos, mas não deixe de ter um bom plano de saúde. Se um sinistro sério acontecer nos primeiros anos, dificilmente você terá acumulado uma poupança suficiente para se proteger em situações graves.

Seguro de vida

Tenho 42 anos, dois filhos e uma preocupação com a subsistência e a formação futura deles. Pago seguro de vida, mas é oneroso. O dinheiro pago não vemos mais. Existe algum outro caminho? Como escolher as melhores seguradoras? – Júlio

Se você tem filhos ou outros dependentes e se ainda não acumulou um grande patrimônio, convém fazer bons seguros de vida. Só o seguro de vida dará proteção imediata a sua família em caso de uma morte prematura. Para poder comparar as propostas de diferentes seguradoras, você pode criar um índice próprio. Basta dividir o valor do seguro pela mensalidade cobrada pela seguradora (prêmio). Quanto maior for o índice, mais interessante será o seguro. No Brasil, infelizmente, os *rat-*

ings (classificações de risco) das seguradoras não são muito divulgados. Assim, fica bem difícil saber quais são as empresas mais confiáveis, de acordo com o grau de solvência de cada uma delas. Uma tática interessante seria diversificar, isto é, fazer seguros com valores mais reduzidos em duas ou três empresas.

Uma opção pode ser o seguro de vida com resgate, chamado de "dotal" pelos especialistas. É uma mistura de seguro de vida e poupança. A vantagem é que você recebe de volta a maior parte do que pagou, com juros e correção monetária, caso não morra em determinado prazo. É uma boa alternativa, porque o seguro de vida é muito mais importante durante o período em que seus filhos ainda estiverem estudando e, por isso, fora do mercado de trabalho. Quando eles se tornarem financeiramente independentes, o seguro de vida vai se tornar dispensável. Aí, você poderá resgatar a poupança que acumulou enquanto pagava as mensalidades.

MILHÕES DE BRASILEIROS SE SENTEM QUEBRADOS. GASTAM MAIS DO QUE GANHAM E SE ENDIVIDAM FRENETICAMENTE. QUAIS SÃO AS SAÍDAS?

Assinale a alternativa mais adequada para você:

a. ganhar mais

b. gastar menos

c. as duas alternativas anteriores

A melhor sugestão para ganhar mais é trabalhar mais. Sim, aproveitar os momentos de folga para ter mais renda. Nas camadas menos privilegiadas, isso é bastante comum. Operários viram garçons ou seguranças no fim de semana; comerciários fazem bicos como motoristas nos domingos e feriados; secretárias fazem doces para festas de casamento.

Nas classes A e B, há mais resistência, há uma certa vergonha de executar serviços simples. Bobagem. Engenheiros e advogados podem ser ótimos professores particulares; quem domina um instrumento musical pode encontrar prazer e remuneração em festas.

Quem optou por gastar menos deve listar suas despesas e separar as essenciais das não tão importantes. E cortá-las sem dó. Lazer e alimentação fora de casa costumam ser os grandes vilões. Buscar diversões gratuitas pode ajudar muito. Trazer alimentos de casa para o trabalho costuma ser mais saudável. Em países do Primeiro Mundo, isso chega a ser uma tradição até em escritórios sofisticados. Enfim, meu amigo, descubra a gravidade de sua situação e comece logo a virar o jogo.

Conta conjunta

Eu me casei em março. Antes de casar, eu e minha mulher decidimos administrar juntos nosso dinheiro. Abrimos uma conta conjunta, uma poupança e tudo o mais. Só que, agora, nossa conta vive no vermelho, porque ela gasta demais. Estou pensando em separar as contas, mas já estou prevendo a catástrofe que virá! O que você sugere? – Rafael

A maneira como nos relacionamos com dinheiro vem da infância. Ao longo de nossa vida, isso vem à tona a toda hora. Condiciona nossos hábitos de poupança e de consumo. Por isso, quando nossas decisões financeiras envolvem outra pessoa, como no casamento, é comum surgirem divergências entre os cônjuges – e não é fácil administrá-las. Para um casamento dar certo, é preciso reconhecer e trabalhar essas diferenças visando a um objetivo comum. Casar é compartilhar: sonhos, projetos, problemas, dívidas, filhos. Compartilhar significa ter participação em algo e, em seu caso, gerenciá-lo em comum acordo. O problema é que vocês têm personalidades diferentes, visões de mundo diferentes e aprenderam a lidar com dinheiro de maneiras diferentes. Embora tenham planejado a vida a dois, parece que nem tudo está saindo como o esperado. Pessoalmente, sou a favor de manter contas-correntes separadas. Se vocês dois ganham salários equivalentes, podem combinar dividir as despesas da casa de forma igualitária. Ou, se ganham valores muito diferentes, podem combinar pagar de acordo com as possibilidades de cada um. Também podem ter uma poupança ou outros investimentos em conjunto. Assim, os planos futuros ficarão garantidos.

Vocês podem se programar da seguinte maneira: primeiro, separem o dinheiro para as despesas mensais. Em seguida, depositem ou apliquem, de preferência no início do mês, a quantia que vão poupar. Mantenham uma reserva de emergência equivalente a três a seis vezes o que gastam por mês. Assim, vocês terão uma parte do salário de cada um comprometida com os projetos do casal. O dinheiro que sobrar na conta individual é para cada um fazer o que quiser. Se você tem um perfil mais poupador, pode incrementar as aplicações conjuntas ou comprar algo especial para você. Se ela é mais consumista, o dinheiro extra dela pode se destinar a pequenos prazeres no shopping.

Já vi casais brigarem porque o marido comprou – com o

próprio dinheiro – um carro de que a mulher não gostou. Ou marido ficando azedo porque a mulher gastou demais com presentes para a família dela. É importante entrar em acordo em relação aos grandes gastos, que podem afetar as finanças da família. Também é fundamental saber o que o outro tem no próprio nome (dívidas, planos de previdência, investimentos). Honestidade é a base de qualquer relacionamento. Sejam honestos um com o outro e sejam honestos com vocês mesmos. De nada adianta fingir que está tudo bem. Compartilhar é colocar em comum, comunicar, chegar a um acordo.

DEVO ENSINAR MEU FILHO A MEXER COM DINHEIRO?

Educar um filho é provavelmente a tarefa mais árdua que pais e mães têm pela frente. Ensinar valores morais, conceitos de cidadania e respeito ao próximo é muito importante, mas não podemos parar por aí. Ensinar seu filho a bem administrar o dinheiro é uma missão que não pode ser esquecida. Ela é tão importante que deve ser compartilhada com toda a família, principalmente com avós e tios. Pode parecer materialista demais, mas o que você prefere: jogar seu filho às feras ou prepará-lo para enfrentá-las?

EDUCAÇÃO FINANCEIRA PARA CRIANÇAS

Meu filho tem 6 anos e não acredito que tratar de assuntos de dinheiro com ele agora seja algo saudável. Ele é só uma criança! Para mim, nesta fase da vida, o mais importante é ensinar valores morais do que a lidar com dinheiro. Qual é sua opinião sobre isso? – Marcia

Que bom se a vida fosse tão simples... Sejamos realistas: vivemos em um mundo capitalista, onde quem é hábil ao lidar com dinheiro tem mais chances do que quem não conhece as engrenagens do mercado. Ensinar os filhos a lidar com o dinheiro é uma oportunidade de dar a eles uma educação completa e garantir que sejam capazes de viver bem no futuro. Ninguém vai dar aulas formais de finanças para uma criança de 6 anos. Mas você pode ensinar seu filho dando exemplos no dia a dia. É como criar o hábito de comer verduras. As crianças não gostam, mas você sempre coloca à mesa um belo prato colorido cheio de vegetais e repete os mantras: "Brócolis é gostoso", "Tomate é bom para a saúde", "Espinafre faz você ficar forte". Um belo dia, elas acabam cedendo, experimentam, gostam e criam o hábito. Pode demorar, mas, de tanto insistir e repetir, as crianças aprendem. Com o dinheiro, funciona da mesma maneira. Conversem sobre de onde vem o salário, como você e seu marido têm de se programar para cumprir o orçamento do mês, sobre a importância de não gastar mais do que se ganha, de poupar e de investir. Ensine por meio de atitudes: "Eu gostaria de ter aquele vestido, mas neste mês o dinheiro para compras acabou. Então, vou deixar para comprar no mês que vem."

Ou ainda: "Nesta semana, vou guardar certa quantia para economizar e fazermos uma viagem no fim do ano. Por isso, não vamos poder ir ao cinema hoje."

Não dê tudo o que seu filho pedir. Procure estabelecer metas e faça-o cumpri-las. Por exemplo, se ele quer um brinquedo mais caro, ajude-o a separar uma parte da mesada ou da semanada para poupar e comprar o mimo em uma data especial. Quanto antes compreender os princípios do planejamento, do esforço, da recompensa e do aproveitamento de oportunidades, melhor para ele. Um lembrete: os deveres em casa não devem ser "pagos". Ele deve cumprir certas tarefas domésticas para colaborar com a família, e não porque receberá dinheiro por isso.

Crianças & dinheiro

Gostaria de saber como posso ensinar meus filhos, de 10 e 12 anos, a lidar com dinheiro. Vejo meus sobrinhos adolescentes gastando pequenas fortunas no shopping, sem nenhuma preocupação com a origem do dinheiro. Já começo a perder meus poucos cabelos... – Humberto

Parabéns por sua decisão de ensinar finanças a seus filhos! No Brasil, a educação financeira das crianças não faz parte do currículo das escolas. Quase sempre os pais acabam sendo os únicos responsáveis por essa tarefa. E muitos pais acabam não dando a essa questão a devida importância. Isso pode levar os filhos, principalmente no caso das famílias mais abastadas, a não ter noção do valor do dinheiro. Recomendo que você dê às crianças uma semanada, no valor de R$ 1 a R$ 2 por ano de vida deles, conforme a disponibilidade financeira. Assim, o garoto de 10 anos receberia de R$ 10 a R$ 20 por semana, e o de 12, de R$ 12 a R$ 24. Essa quantia deve ser dividida em, no mínimo, três partes. Uma parcela deve ser guardada, para que as crianças aprendam a poupar. Elas podem guardar o dinheiro para comprar um presente no Natal ou em outra data especial. Visualizar o bem futuro ajuda a manter a disciplina. Outra parte da semanada deve ser usada para pequenas despesas pessoais, como a compra de figurinhas ou revistinhas e aluguel de filmes. Por fim, uma pequena parte deve ser doada a pessoas carentes. Afinal, queremos um país de cidadãos que saibam poupar e investir, mas que também se preocupem com o bem comum.

COMEÇANDO COM O PÉ DIREITO

ACORDO PRÉ-NUPCIAL

Meu noivo quer que eu assine um acordo pré-nupcial, mas, sinceramente, fiquei meio ofendida. A família dele tem uma situação financeira melhor que a minha e me senti sendo excluída de uma parte da vida dele. O que devo fazer? – Fernanda

Em vez de você ficar ofendida, procure pensar nos benefícios que um acordo pré-nupcial pode trazer para seu casamento.

A transparência, a sinceridade e a confiança contribuem para reforçar a união do casal e, na falta delas, podem até levar à separação. Discutir questões financeiras antes de se casar é um excelente primeiro passo para uma relação dar certo. Essa conversa, ao contrário do que pode parecer à primeira vista, é muito saudável. Vai ajudar você e seu noivo a se preparar para enfrentar a vida a dois. Ninguém faz uma sociedade sem saber quais são os planos do sócio. No casamento, não deve ser diferente. Por isso, encare o acordo pré-nupcial como uma grande oportunidade de saber quais são as ambições e os projetos de seu noivo e de expor suas ideias. Pensem em como vocês vão fazer para realizar juntos esses planos e aproveitem para programar os investimentos para o futuro.

O acordo pré-nupcial é recomendado para quem já tem um bom patrimônio pessoal antes do casamento ou para quem tem empresas, filhos ou obrigações financeiras de uma relação anterior. As pessoas que têm dívidas antes do casamento ou a expectativa de receber uma herança também devem pensar seriamente em fazer esse pacto. Embora não seja nada romântico, ele é uma forma de os noivos se prepararem para o caso de separação ou morte de um dos cônjuges. Recomendo que vocês busquem a orientação de um advogado para que tudo saia de acordo com a legislação.

PAGANDO DÍVIDAS

Sou advogado em início de carreira, tenho 27 anos e estou totalmente endividado com cartões de crédito e cheque especial. Como devo fazer para quitar minhas dívidas e conquistar um bom patrimônio pessoal? – André

Não é fácil começar a vida. São muitos desejos e poucos recursos. A saída não é agradável, mas a recompensa será ótima. Você precisa descobrir para onde seu dinheiro está indo. Registre suas principais despesas em um caderno ou em uma planilha de computador. Em poucas semanas, vai descobrir gastos pouco importantes. Faça escolhas e corte o que for supérfluo. Você prefere sair todos os fins de semana ou se livrar da dívida do cartão de crédito? Comprar roupas novas ou zerar o cheque especial? Assim, logo vai começar a sobrar dinheiro em seu orçamento. Em poucos meses, você vai passar do time dos devedores para o dos investidores. Em pouco tempo, poderá se planejar para adquirir seu patrimônio, como um excelente carro e a casa própria, bem como para fazer as viagens dos seus sonhos.

COMO ALCANÇAR A SEGURANÇA FINANCEIRA

Consumir, consumir, consumir, consumir. Isso garante vitalidade à economia. Mas só à economia do mercado. Para as finanças pessoais, a regra é outra: poupar, poupar, poupar. Quem conseguir segui-la terá muito mais dinheiro para consumir, do bom e do melhor, mais à frente. Em geral, quem já foi rico e pobre ao longo da vida costuma não ter dúvida: ser rico é muito melhor! Mas só os disciplinados ou os obstinados conseguirão chegar lá.

Segurança financeira

Aos 42 anos, tenho um imóvel financiado, um bom carro, também financiado, e cerca de R$ 30 mil aplicados na caderneta de poupança. Por mais que tente, não consigo fazer sobrar mais dinheiro. Gostaria de ter um pouco mais de segurança financeira, mas no Brasil parece impossível economizar. – Paulo

Quem controla suas finanças é você, não o país. Eis a primeira lição de educação financeira. Infelizmente, essa é uma disciplina que ainda não se ensina em escolas e com que os brasileiros, por hábitos culturais, não costumam se preocupar até alcançar a maturidade. É comum ouvir a expressão "poupança forçada". Isso acontece quando as pessoas só conseguem ter alguma coisa na vida por meio de um consórcio ou de um financiamento que precisam pagar todos os meses. A "poupança", nesse caso, é um carnê repleto de juros embutidos e disfarçados. É bem diferente de uma poupança verdadeira, feita por meio da aplicação voluntária de uma parcela de sua renda mensal.

No seu caso, convém usar uma parte do dinheiro aplicado para quitar o financiamento de seu imóvel ou antecipar o pagamento do máximo de prestações possível. Provavelmente, os juros que incidem sobre as parcelas é maior que o rendimento da poupança. Também é fundamental que você estabeleça um objetivo financeiro. Livrar-se das dívidas? Trocar seu apartamento por um maior? Fazer uma longa viagem ao exterior? Faça sua escolha. É importante você ter argumentos fortes na hora de fechar o bolso e não cair na tentação de torrar o salário inteiro em coisas supérfluas. Depois de se livrar das dívidas, sugiro que você faça um controle dos gastos mensais para identificar onde é possível cortá-los. Enquanto a gente não começa a poupar, não pode pensar em segurança financeira. Tudo isso exige disciplina e, algumas vezes, engolir um pouco o orgulho. Tenha persistência e você certamente colherá os frutos no futuro.

GANHANDO MAIS DINHEIRO

Ouço sempre seus conselhos quanto a investimentos, o melhor a ser feito com relação a aplicações, financiamentos e ações. Mas a minha situação é a inversa: mal tenho dinheiro para pagar as contas do mês, quanto mais para poupar!! Já parei de sair para comer fora e gastar com o desnecessário, pois quero acabar com minhas dívidas para poder juntar dinheiro, mas parece que elas insistem em aparecer! O que eu devo fazer? – Marcela

Se para você cortar gastos desnecessários não tem sido suficiente para pagar as dívidas e equilibrar suas finanças, está na hora de ganhar mais dinheiro. O caminho mais simples é tentar um aumento ou uma promoção no seu emprego. Se você não conseguir trocar de emprego ou a promoção, pode aproveitar os horários de folga para fazer alguma coisa que aumente sua renda.

Exemplos? Vamos lá: se você tem uma boa formação intelectual, dar aulas particulares ou fazer revisões de texto podem ser uma saída. Se você é extrovertida, vender cosméticos, roupas e joias costumam dar bons resultados. No fim de semana, dá para cuidar de pessoas idosas, de doentes ou ainda trabalhar na organização de viagens ou festas.

Enfim, não tem jeito. Eu só conheço uma forma honesta de melhorar de vida: poupar. Para isso, ou você corta ainda mais seus gastos, ou você aumenta sua renda. Ou dá para fazer um pouquinho de cada.

Casamento à vista

Tenho 22 anos, um carro financiado. Já paguei metade das 48 prestações de R$ 750,00. Tenho R$ 20.000,00 aplicados em ações. Minha renda mensal é de R$ 3.000,00 mas, com gratificações, chego a ganhar uns 60 mil reais por ano. Pretendo me casar dentro de 4 anos. Tudo o que envolve o casamento tem custo elevado e por isso preciso de sua ajuda. – Eduardo

Um casamento muda nossa vida radicalmente! Você tem uma boa renda e, no seu lugar, eu nunca mais compraria nada a crédito, só a casa própria. Para isso, você precisa fazer uma bela reserva. Tente aplicar todas as suas gratificações ao longo do ano em renda fixa, no CDB, por exemplo.

Negocie um desconto para antecipar o pagamento do carro financiado. Se o banco não lhe der um bom desconto, esqueça. Continue pagando as prestações e aplique o que sobrar em renda fixa.

Eu aposto que em poucos anos você vai ter dinheiro para dar como entrada uns 40% ou 50% do valor de uma casa. Se o casamento estiver confirmado mesmo, vale financiar o restante. Se não, continue poupando até comprar um imóvel à vista.

Quanto às ações, eu esperaria um pouco mais antes de pensar em vender. O mercado está se recuperando com força.

Enfim: aproveite a liberdade da vida de solteiro para juntar dinheiro como poucos.

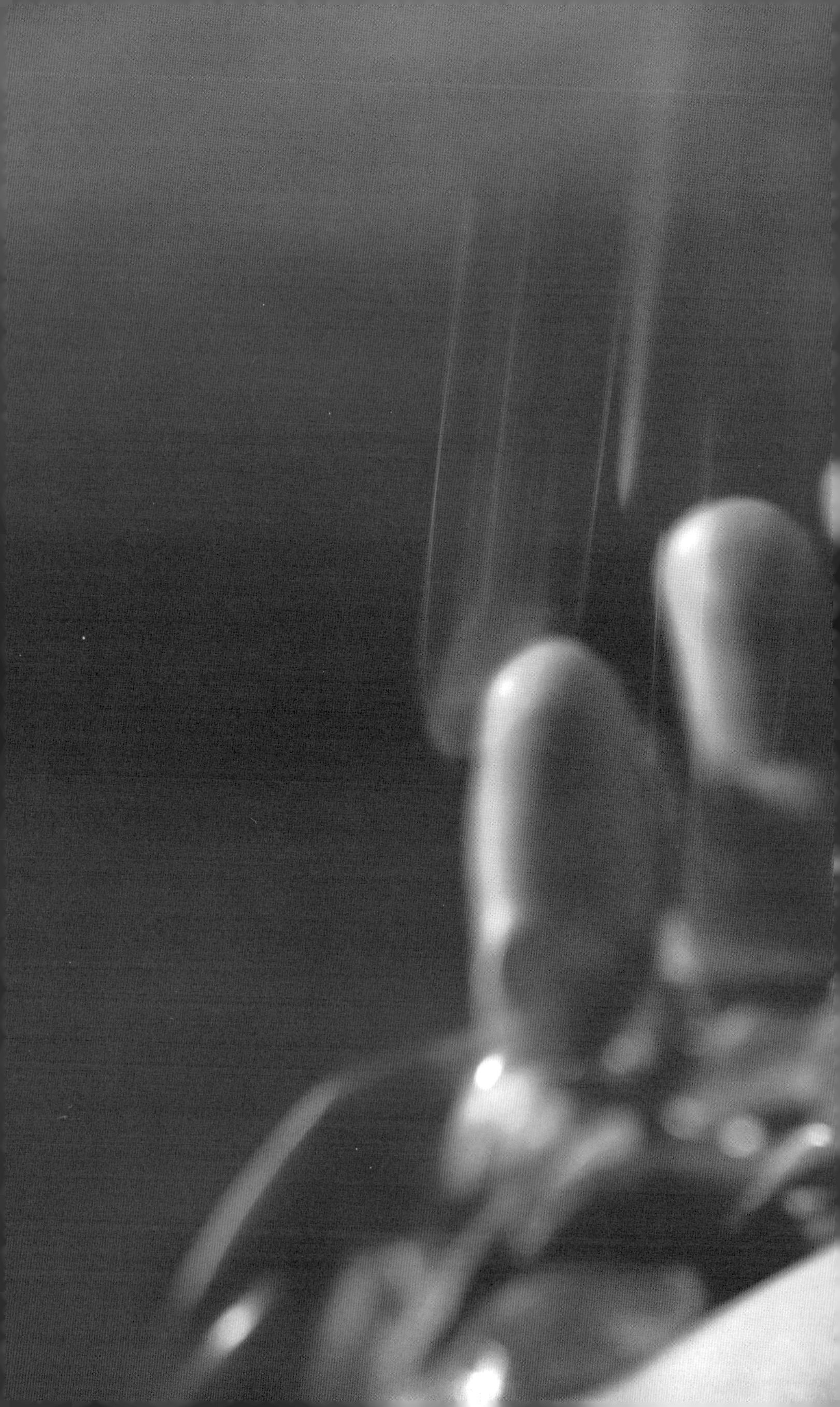

Capítulo 3

Seus investimentos financeiros

Dinheiro não nasce em árvores. Em geral, quem se acomoda e não se informa como deveria sobre o assunto tende a ver seus ganhos diminuírem.

Diversificar os investimentos não é a melhor maneira de ficar rico, mas é uma das melhores maneiras para não ficar pobre. Se você se preocupa com isso, não deixe de atender a essa antiga e saudável recomendação. Verifique se você não está exagerando em suas aplicações em bolsa ou em imóveis. Os investidores mais conservadores não contam com a sorte. Preferem não sentir a dor de perder em poucos dias – ou em algumas horas – a poupança que levaram anos para formar. Nunca deixe de manter uma boa reserva para emergências em renda fixa, para amortecer as inevitáveis quedas nos mercados de renda variável.

Dinheiro não nasce em árvores. Em geral, quem se acomoda e não se informa como deveria sobre o assunto tende a ver seus ganhos diminuírem. Tanto faz se você está aplicando o dinheiro no mercado financeiro ou em um negócio próprio. Para fazer seu limitado capital crescer o máximo possível, é preciso ter atenção constante. O esforço costuma ser bem recompensado.

O QUE DEVO CONSIDERAR NA HORA DE INVESTIR?

No mundo dos investimentos, também há tendências e modismos. Letras de câmbio, RDBs, boi gordo, fundos, commodities e apartamentos financiados pelo BNH já foram objeto do desejo de investidores brasileiros. Muitas aplicações deram alegrias durante alguns anos. Outras causaram dores de cabeça e decepções. Paralelamente ao burburinho das páginas dos jornais financeiros, há alternativas clássicas. Se você tiver interesse em um estilo de investimento mais sóbrio, poderá alcançar resultados consistentes, dentro de um nível de risco que lhe permita dormir tranquilamente. Considere alguns aspectos importantes durante seu processo de escolha:

1. Segurança em primeiro lugar. Antes de pensar em aumentar seu patrimônio, procure primeiro protegê-lo. Uma ótima estratégia para isso é diversificar. Certamente não é a melhor maneira de enriquecer, mas é uma excelente forma de não ficar pobre.

2. Qualidade em seus investimentos. Ações de empresas sólidas que paguem bons dividendos e que tenham administradores confiáveis devem ser as preferidas. Na renda fixa, busque a segurança oferecida por bancos de primeira linha e pelos títulos públicos federais. Em imóveis, tenha sempre um advogado bem conservador a seu lado no momento da compra.

3. Rentabilidade. Saiba que, a longo prazo, um conjunto diversificado de ações tende a gerar mais lucros que a renda fixa. O desafio de investir em bolsa consiste em enfrentar as fortes oscilações do curto prazo. Na renda fixa, não há espaço para ganhos extras sem abrir mão da segurança. Já em imóveis, é bom saber que os mais simples, destinados à população menos sofisticada, oferecem maior rentabilidade e liquidez.

4. Paciência. Um requisito difícil de encontrar, mas essencial na arte de ter uma boa vida financeira. É importante saber distinguir os raros fatos relevantes dos inúmeros boatos e notícias inexpressivas que chegam aos jornais.

5. Custos baixos. Fuja das altas taxas de administração cobradas por alguns fundos. Controle seu orçamento para que, na prática, você consiga seguir o velho ensinamento de gastar menos do que ganha.

Quem conseguir ater-se a esses aspectos clássicos ao selecionar seus investimentos poderá ter uma carteira de investimentos sóbria e útil por décadas.

POR ONDE DEVE COMEÇAR A INVESTIR UMA PESSOA QUE TEM POUCO DINHEIRO, MAS GOSTARIA DE APLICAR NO MERCADO FINANCEIRO?

Sugiro que comece com a formação de uma reserva financeira para emergências. Um fundo DI, que acompanha a variação das taxas de juros, ou um CDB (Certificado de Depósito Bancário) seriam uma boa opção para começar. Procure manter o equivalente a, no mínimo, três a seis vezes o valor de suas despesas mensais nessa reserva para cobrir emergências. Essa estratégia funcionará também como uma vacina contra o endividamento. A partir daí, você provavelmente nunca mais vai precisar entrar no cheque especial ou no crédito rotativo do cartão.

O QUE VOCÊ PRETENDE FAZER COM SEU DINHEIRO?

1. Trata-se de uma quantia para usar depois da aposentadoria?
2. Apenas para pagar as contas no fim do mês?
3. Você pretende usá-la para dar entrada em um apartamento daqui a três anos?

Na primeira hipótese, não deixe de investir em ações. Na segunda, fique apenas com fundos DI de curto prazo. Na terceira, pense em investir em fundos de renda fixa de longo prazo, CDBs ou no Tesouro Direto (www.tesourodireto.gov.br).

VOCÊ TEM CORAGEM DE CORRER RISCOS?

Em diversas pesquisas, a minoria dos entrevistados diz ser um motorista abaixo da média, quando, na verdade, 50% deles deveriam assim se classificar. Apenas 20% dos alunos assumem obter notas abaixo da média de sua turma.

Antes de se apresentar ao gerente de seu banco como um corajoso, pense no seguinte: você conseguiria suportar perdas de 70% em seu fundo de ações no período de um ano? Aceitaria perder 40% em seu fundo cambial, mesmo resistindo a dois anos de aplicações? Reagiria bem a uma perda de 5% em seu fundo DI durante uma semana? Todos esses acidentes financeiros são perfeitamente possíveis.

O mercado costuma ser bravo como um tigre faminto em períodos curtos e manso como uma ovelha em períodos longos. Tente adivinhar o comportamento do Ibovespa amanhã e você só terá 50% de chances de acertar. Por outro lado, aposto que terá mais de 90% de sucesso se disser que o Ibovespa ganhará do dólar nos próximos dez anos.

Saiba que o Ibovespa, a mais rentável aplicação dos últimos quarenta e um anos, rendeu, em média, apenas 9% ao ano acima da inflação. Isso sem tirar as dispendiosas taxas de administração que os fundos de ações cobram. Assim, se alguém lhe oferecer uma aplicação que rende 20% ao ano, saiba que ela é bastante arriscada.

OS TÍTULOS DE CAPITALIZAÇÃO, QUE OFERECEM PRÊMIOS AOS INVESTIDORES SORTEADOS, COMPENSAM?

Não considero os títulos de capitalização como alternativa de investimento. Rendem menos que a poupança, têm várias punições para quem saca o dinheiro antes do prazo e as taxas de administração são muito altas. Bom para quem os vende e para os que têm sorte de ser premiados. Ou seja, só para a minoria. Para a maioria dos clientes é um negócio relativamente ruim.

REGRA 72
EM QUANTO TEMPO É POSSÍVEL DOBRAR O VALOR DE UM INVESTIMENTO?

Depende da taxa líquida de juros que você receber. Existe uma fórmula prática para fazer o cálculo: a chamada "Regra 72". Ela diz que, ao dividir 72 pela taxa anual de juro de uma aplicação, você saberá quantos anos levará para chegar lá. Se estiver recebendo 8% ao ano líquidos ao aplicar seu dinheiro, vai levar nove anos para dobrar o capital (72 dividido por 8). Se você investir num imóvel que rende 12% ao ano de aluguel, o patrimônio dobrará em seis anos (72/12).

COMO INVESTIR EM ALGO QUE ME PERMITA NÃO TRABALHAR?

Um médico, um professor e um dentista podem até ganhar muito bem, mas, geralmente, não conseguem se afastar do trabalho. Um pequeno empresário pode ter um negócio muito lucrativo. Esse negócio, porém, para de funcionar quando ele se afasta por mais de uma semana. Um fazendeiro pode ter um enorme patrimônio, mas dificilmente consegue tirar férias. Todos eles continuam escravos do trabalho.

Trocar tempo por dinheiro pode gerar frustrações. Mas alguns atingem a independência financeira criando formas de acumular riqueza enquanto dormem ou cuidam da saúde e descansam a mente. O caminho é ter investimentos que exijam pequeno esforço para serem administrados.

Formar uma carteira de imóveis destinados ao público de baixa renda pode oferecer elevada rentabilidade e os benefícios da diversificação. Ações de empresas sólidas ou cotas de fundos de ações são alternativas bem interessantes para os mais ousados. Títulos públicos comprados no Tesouro Direto (www.tesourodireto.gov.br) e planos de previdência privada administrados por instituições sólidas devem proporcionar o conforto de uma renda fixa. Nas pequenas e médias empresas, o desafio está em montar um time de profissionais confiáveis e implementar processos estáveis. Sistemas contábeis são uma importante ferramenta para atingir esse alvo. Pagar auditores internos e externos custa caro, mas isso pode equivaler à tranquilidade dos proprietários.

É RUIM APLICAR TUDO NUM BANCO SÓ?

Há vantagens e desvantagens em concentrar suas aplicações num banco só. Pelo lado bom, você tem maior poder de negociação. Pode pleitear isenção de tarifas e migração para fundos de investimentos com taxas de administração mais baixas. Por outro lado, você pode não estar tirando o máximo proveito das alternativas existentes no mercado. Não conheço um banco que seja melhor em tudo. Alguns se destacam na gestão de fundos de renda fixa ou de ações. Outros têm um ótimo serviço na gestão da conta-corrente, mas não oferecem boas opções de investimentos. Comparar concorrentes é sempre um exercício saudável.

COMO FUNCIONA O TESOURO DIRETO?

Vale a pena descobrir o caminho para o Tesouro Direto. Pode parecer um pouco complicado na primeira vez, mas depois que você entende como funciona se torna bem simples. Que tal dobrar o valor real de seu patrimônio em quinze anos, com garantia do governo federal? É o que promete o Tesouro Nacional a quem investir pelo menos R$ 200 em títulos públicos de longo prazo. Eles costumam render mais que os papéis de curto prazo e, se você precisar do dinheiro antes do vencimento, o Tesouro se compromete a recomprar os papéis semanalmente, pagando o valor de mercado. Além disso, o risco, se comparado ao de outras aplicações de renda fixa, é dos mais baixos da praça.

Batizada de Tesouro Direto, pelo fato de ser feita pela internet, sem intermediação bancária, a aplicação tem prazos e juros variáveis, conforme o papel. A NTN-B Principal, com vencimento em 2024, por exemplo, oferece 6,83% de juros ao ano, além da correção pelo Índice Nacional de Preços ao Consumidor Amplo (IPCA), calculado pelo IBGE. Isso significa que quem ficar até o vencimento do papel terá recebido um total de R$ 2,87 para cada real que investiu, além da correção monetária.

Apesar do rendimento atraente, pouca gente se habilita a comprar títulos de longo prazo no país. Os administradores dos fundos de investimento preferem apostar em papéis de curto prazo porque têm dificuldade de explicar oscilações inesperadas nas cotas, que são mais comuns nos papéis de longo prazo. Do outro lado do balcão, os clientes ficam assustados ao menor sinal de perda nos fundos de renda fixa. Poucos têm paciência para enfrentar a instabilidade. E os mais velhos, acostumados com os ganhos nominais elevados pagos na época da superinflação, não conseguem entender ainda como uma aplicação de renda fixa pode sofrer perdas.

No Tesouro Direto, quem quiser resgatar o dinheiro antes do vencimento poderá ter contratempos. Imagine que você tenha investido, por cinco anos, R$ 1.000 em uma Nota do Tesouro Nacional (NTN), com juros de 6% ao ano, mais a variação da inflação medida pelo IPCA. Se você precisar do dinheiro antes, poderá revender o título para o Tesouro ao preço de mercado. Eis os possíveis cenários.

Cenário otimista: a situação do país estará tranquila, e o governo lançará novos títulos com juros mais baixos – digamos, IPCA mais 4% ao ano. Bom para você. Todos vão querer comprar os títulos antigos, que rendem 2 pontos porcentuais a mais por ano, e aceitarão até pagar um ágio por eles. Você embolsará um ganho extra.

Cenário neutro: os juros administrados pelo Banco Central ficam estáveis, e você receberá o combinado, proporcionalmente ao prazo da aplicação.

Cenário pessimista: a situação do país fica tensa, e o governo tem de elevar as taxas de juro. Lança novos títulos, pagando juros maiores – digamos, IPCA mais 10% ao ano. Ruim para você. Ninguém terá interesse nos papéis antigos, que rendem apenas IPCA mais 6% ao ano, a não ser que haja um deságio. Em outras palavras: o valor de mercado dos títulos com juros mais baixos será menor, e você terá uma perda.

Note que o risco existe para os investidores que não respeitam a carência dos títulos, isto é, que fazem resgate antes do vencimento. Carregando os papéis até o fim, você receberá o valor previsto inicialmente.

Como evitar o resgate antes da hora? Planejando bem. Se você deseja trocar de carro daqui a dois anos, procure comprar títulos que vençam em dois anos. Se pretende se aposentar em dez anos, procure títulos com resgate em dez anos. Assim, você estará separando o dinheiro em diferentes "envelopes", de acordo com seus diferentes objetivos, de curto, médio e longo prazos.

Uma boa estratégia é investir em títulos com vários vencimentos. Se precisar de dinheiro num cenário negativo, você poderá vender os que caíram menos. A diversificação é uma forma de reduzir ainda mais o risco dos papéis. Você pode obter uma lista completa dos bancos e corretoras autorizados a operar com o Tesouro Direto no site www.tesourodireto.gov.br.

QUAIS SÃO AS OPÇÕES PARA QUEM DESEJA COMPRAR TÍTULOS DO TESOURO DIRETO?

Rentabilidade do Tesouro Direto – Posição em 10/8/2009

Títulos	Vencimento	Rentabilidade Bruta				Taxa do Dia (ao ano)	
		Últ. 30 dias	Mês Anterior	No Ano	12 Meses	Compra	Venda
Prefixados							
LTN	01/10/2009	0,72%	0,81%	7,74%	15,58%	-	8,74%
LTN	01/01/2010	0,70%	0,82%	8,47%	17,19%	-	8,76%
LTN	01/07/2010	0,65%	0,93%	9,76%	19,65%	9,13%	9,17%
LTN	01/01/2011	0,61%	1,11%	10,31%	-	9,96%	10,00%
LTN	01/01/2012	0,46%	0,97%	-	-	11,14%	11,20%
NTN-F	01/01/2010	0,70%	0,83%	8,46%	16,86%	-	8,78%
NTN-F	01/07/2010	0,64%	0,92%	9,63%	18,94%	-	9,21%
NTN-F	01/01/2011	0,62%	1,10%	10,12%	19,72%	-	10,03%
NTN-F	01/01/2012	0,49%	0,97%	10,14%	19,69%	-	11,26%
NTN-F	01/01/2013	0,65%	0,95%	10,98%	19,40%	-	11,92%
NTN-F	01/01/2014	0,67%	1,07%	10,63%	18,97%	12,22%	12,28%
NTN-F	01/01/2017	0,55%	0,87%	10,19%	17,19%	12,85%	12,91%
Indexados à Taxa Selic							
LFT	17/03/2010	0,70%	0,78%	6,40%	11,90%	-	0,01%
LFT	16/03/2011	0,68%	0,76%	6,37%	11,84%	-	0,02%
LFT	07/03/2012	0,63%	0,71%	6,32%	11,75%	0,00%	0,03%
LFT	07/03/2013	0,57%	0,65%	6,25%	11,68%	-	0,04%
LFT	07/03/2014	0,53%	0,61%	6,27%	11,61%	0,00%	0,04%
Indexados ao IGP-M							
NTN-C	01/03/2011	1,74%	1,03%	8,93%	14,41%	-	5,31%
NTN-C	01/07/2017	2,88%	0,86%	23,03%	19,68%	-	6,04%
NTN-C	01/04/2021	-0,30%	-0,17%	12,00%	12,05%	-	6,54%
NTN-C	01/01/2031	-0,71%	-0,95%	12,34%	12,27%	-	6,52%
Indexados ao IPCA							
NTN-B	15/08/2010	0,60%	1,06%	10,65%	18,45%	-	4,78%
NTN-B	15/05/2011	0,48%	1,59%	11,48%	19,17%	-	5,75%
NTN-B	15/08/2012	0,20%	1,40%	11,78%	19,30%	6,45%	6,49%
NTN-B	15/05/2013	0,31%	1,41%	13,36%	18,98%	-	6,55%
NTN-B	15/05/2015	0,63%	1,38%	15,98%	19,09%	6,52%	6,58%
NTN-B	15/05/2017	0,53%	1,20%	18,26%	18,58%	-	6,58%
NTN-B	15/08/2020	0,39%	0,73%	-	-	6,47%	6,55%
NTN-B	15/08/2024	0,21%	0,21%	16,71%	18,15%	6,42%	6,50%
NTN-B	15/05/2035	-0,22%	-0,51%	18,95%	18,51%	6,42%	6,52%
NTN-B	15/05/2045	-0,60%	-0,67%	19,39%	18,14%	6,44%	6,54%
NTN-B Principal	15/05/2015	0,66%	1,41%	17,83%	19,63%	6,56%	6,62%
NTN-B Principal	15/08/2024	0,05%	-0,75%	18,79%	18,38%	6,40%	6,48%

Por que os bancos não dão informações claras para quem quer aplicar no Tesouro Direto?

Os bancos não fazem propaganda do Tesouro Direto e não é fácil conseguir uma senha numa agência bancária para começar a aplicar no site do Tesouro Nacional. Adivinhe por quê? Porque é um produto bastante rentável para os pequenos investidores, mas que gera pouca receita para os bancos. Naturalmente, o interesse de nossas boas casas bancárias é vender produtos mais lucrativos para elas – e não há nada de errado nisso. A saída é procurar corretoras de valores independentes ou até as corretoras dos próprios bancos. A grande vantagem de abrir uma conta numa corretora é ter acesso a produtos mais sofisticados e geralmente mais rentáveis que dificilmente chegam até as prateleiras das agências bancárias. Os custos de uma corretora são menores que os custos de agências de ruas movimentadas, pelas quais os bancos pagam aluguéis altos, com o objetivo de atender clientes mais acomodados que aceitam pagar mais caro pelo conforto e pela conveniência.

O QUE É MAIS RENTÁVEL: O TESOURO DIRETO OU FUNDOS DE RENDA FIXA OU DI?

Os fundos de renda fixa ou DI costumam ter boa rentabilidade, mas podem vir acompanhados de taxas de administração exageradas, que corroem os ganhos do cliente. No começo, investir no Tesouro Direto não é fácil. Mas o esforço compensa. Com apenas R$ 200, você pode investir pela internet em títulos do governo, com ótimo retorno e custos baixos. Siga os seguintes passos:

1. procure um banco ou uma corretora que cobre, no máximo, 0,5% ao ano de comissão pela operação. Somando-se à taxa de custódia, cobrada pela guarda dos títulos, você pagará menos de 1% ao ano de despesas. Em meu site pessoal (www.halfeld.com.br/guia), você encontrará uma lista de corretoras com os valores que cobram.

2. faça seu cadastro na corretora.

3. a corretora fará sua inscrição na Câmara Brasileira de Liquidação e Custódia (CBLC).

4. por e-mail, você receberá uma senha de acesso para entrar no site do Tesouro Direto.

5. no primeiro acesso, você poderá trocar a senha provisória por outra de sua escolha.

6. pronto, você está habilitado a realizar suas compras diretamente no site, em qualquer dia da semana.

Se quiser resgatar o título antes do vencimento, poderá realizar a venda todas as quartas-feiras pelo site do Tesouro. No dia seguinte, o dinheiro com o Imposto de Renda já deduzido estará em sua conta investimentos, de forma transparente e rentável.

Comparativamente, o que é melhor: Tesouro Direto ou CDBs?

CDBs são bem mais práticos que o Tesouro Direto. Você pode pedir o resgate com um simples telefonema ou até, em alguns bancos, cadastrar um resgate automático para sua conta-corrente. Já o Tesouro Direto dá trabalho na primeira aplicação.

A vantagem do Tesouro Direto geralmente surge para aplicações com prazos superiores a um ano. Por exemplo, só no Tesouro Direto você pode garantir uma taxa de 6% ao ano acima da inflação medida pelo IPCA até o ano de 2045. Nenhum banco tem coragem de oferecer um produto assim. Por isso, o Tesouro Direto é um excelente veículo para fazer previdência privada e garantir projetos importantes como a compra de um imóvel ou a educação dos filhos.

O Tesouro Direto também é o produto com o menor risco de crédito no mercado, porque nenhum banco é mais sólido que o Tesouro Nacional. No CDB, há sempre embutido o risco de haver problemas de solvência no banco. Se ele quebrasse, você perderia parte de seu capital no CDB. Vale lembrar que existe um limite de R$ 60 mil por CPF oferecido pelo Fundo Garantidor de Crédito que o protegeria nesse caso.

Em resumo: aplique em CDB o dinheiro do dia a dia. Aplique em Tesouro Direto o dinheiro para seus projetos de prazos superiores a um ano.

Como investir em ouro?

A queda do dólar, a alta do petróleo, o risco de crises no mercado financeiro e o enriquecimento da Índia colaboram para a alta do ouro. Antes que você pense em comprar joias, lembre-se de que dificilmente alguém consegue recuperar o preço da arte embutida numa peça. Interessados em investir em ouro devem procurar barras custodiadas na Bolsa de Mercadorias e Futuros (BM&F). Em tempo: saiba que o preço do ouro flutua bastante no dia a dia.

Vale a pena investir em dólar?

O dólar é a moeda de um país que, como todos os demais, tem inflação, embora relativamente baixa. Por isso, simplesmente comprar dólares quase sempre é um mau negócio. Quem tivesse guardado US$ 100 numa gaveta em 1968 teria perdido pouco mais de 90% de seu poder de compra hoje, quarenta e um anos depois. Além disso, a inflação americana pode aumentar diante das fortes altas nos preços dos alimentos e dos minérios. Se você não tiver planos de viajar para o exterior, deve trocar seus dólares pelos elevados juros pagos pelos CDBs e pelos fundos de renda fixa brasileiros. Apesar das quedas recentes das taxas, o retorno ainda é atraente.

O QUE DEVE ACONTECER COM AS TAXAS E OS PREÇOS DE MERCADO DOS PAPÉIS COM A OBTENÇÃO DO GRAU DE INVESTIMENTO PELO BRASIL?

Daqui para a frente, os juros dos papéis de prazos mais longos do Tesouro Direto devem pagar juros menores. Ao mesmo tempo, a confiança na capacidade do país de honrar sua dívida pública deverá aumentar. Isso beneficiará os investidores que aplicam em títulos de prazos mais longos. No futuro, o país poderá pagar juros menores nas emissões de papéis de prazos semelhantes.

A obtenção do grau de investimento é parcialmente ruim para quem ainda sonhava em fazer compras no Tesouro Direto e ganhar juros altos sem quase nenhum risco. Mas é uma boa notícia para quem investiu nesses papéis no passado. Os papéis antigos, que pagavam juros mais altos, agora poderão ser vendidos antes do vencimento com ágio. Mas, para quem mantiver a aplicação até o final, não deverá mudar muita coisa. Os pioneiros do Tesouro Direto continuarão a causar inveja nos investidores novatos, porque acreditaram no Brasil antes de todo mundo comprar títulos de longo prazo, garantindo rendimentos bem maiores que os atuais. Há cinco anos, os títulos públicos rendiam mais de 12% ao ano, além da inflação. Hoje, o rendimento fica perto de 6%. Quem soube compreender as vantagens do Tesouro Direto está colhendo belos frutos.

Tesouro para aposentados

Tenho 64 anos. Como professora aposentada de uma universidade federal, recebo um benefício de R$ 5.300 por mês, parte dos quais aplico no mercado financeiro. Tenho R$ 62.000 num PGBL (Plano Gerador de Benefício Livre) e estou pensando em transferir o dinheiro para ações, mas tenho medo de precisar fazer um saque e perder o pouco que apliquei se a bolsa estiver em baixa. Se eu fosse sua mãe, o que você sugeriria? – Neusa

Uma opção menos arriscada seria comprar títulos públicos federais no chamado Tesouro Direto. É um sistema que permite a qualquer investidor aplicar em papéis de longo prazo pela internet. Os papéis têm superado o ganho das demais aplicações de renda fixa disponíveis para o investidor comum. Mas dê preferência aos papéis com vencimentos de dois a sete anos. Os títulos com prazos mais longos que isso são bem mais sensíveis às oscilações na economia e são mais indicados para investidores mais jovens. Parabéns pela disciplina e pelo capricho em sua vida financeira!

INVESTIMENTOS A CURTO PRAZO

Sou universitário e tenho 22 anos. Minha renda média mensal é de R$ 500. Não vou precisar do dinheiro pelos próximos dois anos. Estudo Ciências Contábeis e, quando concluir o curso, penso em abrir um escritório de contabilidade. Qual é a melhor opção de investimento? – Eusébio

Dois anos não é um período suficientemente longo para você se arriscar em aplicações de renda variável, como as ações. Os preços dos papéis ainda estão altos, apesar das quedas recentes, e os riscos também. O mercado pode sofrer um tombo feio, e você não terá tempo de recuperar as perdas. Diante disso, só lhe resta como alternativa a renda fixa.

Uma opção seria o CDB, o Certificado de Depósito Bancário. Muito procurado pelos investidores na época da superinflação, o CDB voltou ao mercado e pode ser encontrado hoje em qualquer agência bancária. Para aplicações de até R$ 60 mil, ele é garantido pelo mesmo seguro que protege a caderneta de poupança. Mas, para valores relativamente baixos, os bancos pagam apenas uma fatia da "taxa cheia" recebida pelos grandes aplicadores.

Outra opção seriam os fundos de investimento. Mas, infelizmente, com seu pequeno capital, você dificilmente conseguirá um fundo que o remunere melhor que a caderneta de poupança. As taxas de administração dos fundos DI, que também acompanham a variação dos juros, e dos fundos de renda fixa, que aceitam pequenos montantes, andam exageradas. Os bancos cobram mais de 2,5% ao ano, o que acaba anulando a vantagem que os fundos teriam sobre a caderneta de poupança.

A alternativa mais rentável ainda será a compra de títulos públicos federais Tesouro Direto, um sistema oferecido pelo governo na internet (www.tesourodireto.gov.br). A primeira compra dá trabalho e exige muita perspicácia para driblar a má vontade da rede bancária em lhe oferecer algo que compete com produtos mais rentáveis para o banco. Caso tenha dificuldade, a saída é abrir uma conta numa das corretoras credenciadas pelo governo para o serviço.

Para garantir liquidez

Durante nove meses consecutivos, receberei R$ 30 mil por mês, corrigidos pela inflação, como resultado de uma vitória judicial. Como hoje estou sem emprego formal, prestando consultoria de forma esporádica, terei de investir uma parte do dinheiro em algo que me permita fazer saques mensais. Mas não tenho planos de mexer no resto por, no mínimo, um ano. Talvez eu compre um imóvel durante esse período. O que você sugere? – Diogo

Como existe uma chance de você se encantar por um imóvel nos próximos meses, convém fazer aplicações de grande liquidez e de baixo risco. Um CDB-DI (Certificado de Depósito Bancário) seria uma ótima solução. Você deve negociar com o gerente de seu banco o equivalente a, no mínimo, 95% da variação do CDI (Certificado de Depósito Interfinanceiro) – a taxa de juro usada entre os bancos, que serve de referência para todas as outras. À medida que você fizer depósitos adicionais e acumular mais de R$ 100 mil, deve merecer taxas cada vez mais altas, próximas de 100% do CDI. As vantagems do CDB-DI são a liquidez diária e as taxas de juro que se ajustam a eventuais alterações na economia. Outra opção seria um fundo DI com taxa de administração inferior a 1% ao ano. Os bancos cobram taxas mais altas nos fundos que aceitam depósitos iniciais pequenos. Já os fundos que exigem depósitos iniciais maiores cobram taxas de administração menores. Ou seja, os ricos pagam menos, lógico!

JUROS:
FINANCIAMENTO X APLICAÇÕES

Acabo de receber um bônus da empresa em que trabalho no valor de R$ 47 mil. Ainda não sei como e onde aplicá-lo, mas não quero correr riscos. Onde devo colocar meu dinheiro? Seria melhor usá-lo para amortizar o financiamento de minha casa? – Adriano

Recomendo manter parte desse valor como reserva para emergências em fundos DI ou CDB. Mas também amortizar o financiamento da casa. Provavelmente, as taxas de juros desse financiamento são superiores ao rendimento líquido que você vai conseguir numa aplicação financeira de baixo risco. Confira as taxas de juros do financiamento.

MEXERAM NA POUPANÇA

Sabe aquela simpatia para afugentar visitas não desejadas? Aquela de colocar uma vassoura de ponta-cabeça atrás da porta? Pois foi mais ou menos isso o que o governo fez ao anunciar as novas regras da caderneta de poupança.

Os bancos não queriam que os grandes aplicadores se refugiassem na poupança. O governo não queria mexer no rendimento dos milhões de pequenos aplicadores. Resolvido: colocaram a tal vassoura horrorosa atrás da porta. Criaram uma regra estranha para aplicações acima de 50 mil reais.

De maneira simplificada, é o seguinte:

• **quem tem até 50 mil reais** aplicados na caderneta de poupança está tranquilo. Vai continuar ganhando uma taxa fixa de 6% ao ano além de uma pequena correção da TR; tudo livre de impostos. Isso hoje vale muito.

• **quem tem mais dinheiro** deve transferir o montante que ultrapassa os tais 50 mil reais para outra aplicação. Isso porque o rendimento da caderneta de poupança sobre a parcela acima de 50 mil vai ser comido em grande parte por redutores e pelo Imposto de Renda.

O governo acena também com um agrado para os aplicadores em fundos e em CDBs com uma pequena redução no IR. Em princípio, é ótimo, mas eu aposto que esse ganho é uma miragem. Na prática, os bancos vão pagar menos nos CDBs e vão manter os fundos com taxas de administração elevadas.

Tudo isso porque a concorrência da poupança foi aniquilada. Pelo menos para os grandes investidores, que são os mais importantes no gráfico de pizza dos bancos.

Em resumo:

Venceram os pequenos poupadores.

Venceram os bancos.

Perderam os aplicadores com mais de 50 mil reais, exatamente aqueles visitantes indesejados.

Apesar da confusão, a simpatia deve funcionar.

Investimento seguro

Recentemente, vendi meu carro. Hoje percebo que não preciso de outro. Agora, tenho em caixa, prontos para ser investidos, R$ 23 mil. Precisaria de uma opção que rendesse no mínimo 2,5% ao mês durante dois anos. Gostaria que me indicasse a mais segura. Já pensei em ações, CDBs, títulos de capitalização e previdência privada. Detalhe: não tenho muito tempo para acompanhar o mercado financeiro. – Luis Antônio

Com toda a sinceridade, se alguém lhe oferecer algo que renda 2,5% ao mês, fuja! É muito arriscado. Com pouco risco, hoje, uma boa alternativa é o Tesouro Direto, que está pagando perto de 0,7% ao mês líquido, descontados o Imposto de Renda e as taxas cobradas pelas corretoras. Para dois anos, a alternativa menos arriscada do Tesouro Direto são as Letras Financeiras do Tesouro (LFT), um papel federal que paga o equivalente à taxa básica de juro fixada pelo Banco Central. Nas agências bancárias, uma ótima alternativa são os Certificados de Depósito Bancário. Parece que você não está preparado para perder.

Assim, é melhor ser conservador de verdade. Desculpe frustrá-lo, mas é meu dever afastá-lo de algumas ilusões, muito comuns no dia a dia do mercado.

Para conservadores

Tenho um montante de R$ 100 mil, que não pretendo usar nos próximos dois anos. Sou muito, muito conservadora. Sempre apliquei em fundos de renda fixa. Entretanto, resolvi "ousar" e aplicar 2% em ações da Vale e 2% em ações da Petrobras. Tenho perdido dinheiro. Aguardo orientações. – Simone

Você poderia pensar em ter ações em seu patrimônio numa proporção bem maior, até 50% de suas disponibilidades. Isso porque em períodos acima de dez anos, raramente um conjunto bem diversificado de ações rende menos que um fundo de renda fixa. Por outro lado, não sugiro ações a pessoas que têm um objetivo definido em prazos bem mais curtos, como em seu caso. Embora eu seja um otimista em relação ao futuro do Brasil, entendo que ações trazem um elevado risco no curto e até no médio prazos. Por isso, sugiro que você continue bem conservadora: fique na renda fixa. Um CDB-DI seria bem indicado. Com R$ 100 mil, sugiro que você procure um banco de primeira linha que lhe pague pelo menos 97% do rendimento do CDI (taxa usada em empréstimos entre os bancos).

Como alternativa, você pode aplicar num fundo DI que lhe cobre taxas de administração inferiores a 0,5%. Mas já lhe adianto que não vai ser fácil encontrar um fundo tão econômico. Aposto que o CDB-DI será sua melhor opção.

POUPANDO PARA OS FILHOS

Tenho uma filha de 1 ano de idade e gostaria que, ao completar 18 anos, ela tivesse uma poupança de R$ 250 mil em sua conta. Quanto devo poupar por mês e qual é o melhor lugar para investir? – Bernardo

Para você atingir seu objetivo, tem dezessete anos pela frente. Um plano de previdência do tipo VGBL (Vida Gerador de Benefício Livre) que aplique 49% em ações e 51% em renda fixa seria interessante. Como você vai aplicar no longo prazo, tem tempo de sobra para recuperar eventuais perdas que as ações possam sofrer no curto prazo. Mas fique atento. Convém fugir dos fundos de investimento que cobram taxas de administração altas. Elas acabam por corroer boa parte de seu patrimônio. O ideal é não pagar mais que 2% ao ano de taxa de administração.

Uma excelente alternativa seria aplicar metade em Tesouro Direto (www.tesourodireto.gov.br) em títulos públicos com vencimento daqui a dezessete anos. A outra metade poderia ser aplicada em ações. Sugiro o PIBB (www.pibb.com.br), que cobra uma taxa de administração muito baixa e pode ser adquirido em qualquer corretora de ações. Estimo que as aplicações em renda fixa possam lhe dar uns 4% ao ano acima da inflação, daqui para a frente, e que as ações consigam atingir uma média de 8% acima da inflação, depois dos impostos. Fazendo a média entre os rendimentos projetados na renda fixa e na renda variável, chegamos a 6% ao ano, acima da inflação. Na calculadora financeira, você descobrirá que para acumular em dezessete anos os R$ 250 mil, corrigidos pela inflação, vai precisar investir uns R$ 750 por mês.

COMO GARANTIR O FUTURO DAS CRIANÇAS?

GARANTINDO O FUTURO

Na semana passada nasceu minha primeira filha, Amanda. Gostaria muito de fazer uma poupança para garantir seus estudos em uma boa universidade ou, quem sabe, ajudá-la na compra de sua casa própria. O que você recomenda? – Murilo

Sugiro que vocês invistam em Tesouro Direto (www.tesourodireto.gov.br) e num fundo de ações com baixas taxas de administração (máximo de 2% ao ano). A partir de R$ 200, vocês já podem fazer essas aplicações, que não precisam ser mensais. Se preferirem, façam depósitos maiores no dia do aniversário da Amanda. Eu aplicaria 50% no Tesouro Direto e 50% em ações.

AÇÕES DE FUTURO

Tenho um filho de 4 anos e quero fazer uma poupança para ele até que complete 20 anos. Gostaria de investir mais ou menos uns R$ 100 por mês. O que é mais indicado? – Bruno

Você tem cerca de dezesseis anos pela frente. Então, não deve deixar de incluir ações em seu portfólio. No longo prazo, o risco inerente do investimento em ações tende a se diluir, e o rendimento deve ser bem maior que o das aplicações de renda fixa. Os fundos de ações são uma alternativa interessante. Dê preferência aos que cobram taxa de administração inferior a 2% ao ano e acompanham índices como o Ibovespa, que reflete a alta dos papéis mais negociados na Bolsa de Valores de São Paulo, ou o IBRX-50, que reúne as empresas com maior valor de mercado. Outra opção é aplicar num plano de previdência do tipo VGBL (Vida Gerador de Benefício Livre), que aplique boa parte do patrimônio em ações. Você pagará bem menos Imposto de Renda no fim do período de aplicação do que nos fundos de investimentos convencionais. Uma ótima opção também é o Tesouro Direto (www.tesourodireto.gov.br). O ganho é relativamente alto, as taxas de administração são baixas e você conta com a segurança do Tesouro Nacional. Um detalhe importante: como, em geral, a aplicação mínima é maior que R$ 100, faça depósitos trimestrais, semestrais ou até anuais. O importante é que você não desista de seu compromisso.

Planos de previdência são um bom investimento?

Planos de previdência x investimentos

Percebi que os rendimentos de meu plano de previdência VGBL (Vida Gerador de Benefício Livre) estão abaixo dos previstos inicialmente por meu banco. Pago 2% de taxa de carregamento e 3% de taxa de administração. Inicialmente o capital estava todo aplicado em renda fixa. Mas, há menos de um ano, atendendo a um conselho do gerente, migrei para um plano mais agressivo, com 30% em ações. Nas últimas semanas, vi que o rendimento está muito baixo, talvez em função da queda das bolsas. Isso é algo passageiro ou devo migrar para outro produto? – Ana Paula

Seu plano de previdência está cobrando uma taxa de administração alta. Dava para suportar isso quando os juros eram altos ou quando os rendimentos das ações eram espetaculares. Hoje, os rendimentos são menores e essa taxa está consumindo boa parte de seus ganhos. O ideal é pagar menos de 2% ao ano de taxa de administração. Quanto menor, melhor. Uma dica: confira em seu sindicato ou em seu órgão de classe. Muitas vezes eles já fizeram acordo com grandes administradoras e podem lhe oferecer um plano bem mais econômico.

Capítulo 4

Seus imóveis

*Vale a pena aplicar em tijolos
o quanto antes.*

“Quem casa quer casa”, diz o velho ditado popular. Comprar um imóvel costuma ser a decisão financeira de maior impacto na vida. É importante ser detalhista e persistente para escolher o melhor imóvel e a forma de pagamento mais adequada ao orçamento doméstico. Quando alguém decide comprar um imóvel, abre mão de despesas menos necessárias para fazer um investimento que formará boa parte de seu patrimônio no futuro. Inicialmente, troca o aluguel pela prestação do financiamento, sem impacto no orçamento doméstico. No longo prazo, o investimento em imóveis costuma se mostrar uma estratégia vencedora. Mas tão ou mais importante que o retorno que ele oferece são os grandes benefícios psicológicos e sociais proporcionados pela compra da casa própria. Por isso, vale a pena se esforçar para adquirir o primeiro imóvel. Com certeza, esse será o desafio mais difícil. Quem conseguir superá-lo, ainda jovem, poderá fazer novas aquisições para complementar a renda familiar quando chegar à maturidade.

Casa ou apartamento?

No curto prazo, os apartamentos são mais práticos e seguros. Mas, no longo prazo, as casas tendem a se valorizar porque trazem um terreno junto. Após algumas décadas, você terá uma casa antiga num terreno muito valorizado. Já um apartamento, que possui apenas uma pequena fração do terreno, dificilmente acompanhará a evolução dos padrões da arquitetura. Conclusão: a depreciação de um apartamento tende a ser bem maior que a de uma casa.

O QUE É MELHOR: COMPRAR UM IMÓVEL SIMPLES NUM EXCELENTE BAIRRO OU UM IMÓVEL EXCELENTE NUM BAIRRO SIMPLES?

Considerando-se a liquidez, é muito melhor comprar um apartamento pequeno, simples, em Ipanema ou nos Jardins, do que ter uma casa sofisticada num bairro humilde. Quase todo mundo quer morar numa ótima localidade, por isso, um imóvel pequeno será relativamente barato num bairro sofisticado. Já um imóvel grande numa região menos requintada terá poucos compradores em potencial, pois será relativamente caro aos olhos dos vizinhos.

VOCÊ SÓ TEM A METADE DO DINHEIRO DE QUE VAI PRECISAR PARA CONSTRUIR UMA NOVA CASA. QUAL É A MELHOR FORMA DE CONSEGUIR A OUTRA PARTE?

Uma casa cuja construção foi interrompida tem pouca liquidez e baixo valor no mercado. Para que isso não aconteça com você, é importante fazer um planejamento de seus desembolsos durante a obra. Uma alternativa seria esperar um pouco mais para aumentar sua poupança e só iniciar a obra depois de dispor de, pelo menos, 80% do capital. Enquanto a obra estiver em andamento, você poderá continuar a poupar até completar os 100% do capital necessário ao projeto. Essa seria a melhor maneira de não pagar juros. Se você estiver pagando aluguel hoje, pode considerar a possibilidade de financiar a construção. A vantagem do financiamento é que você pode antecipar o futuro. Assim, você poderá morar na casa de seus sonhos o quanto antes, livrando-se do aluguel. Mas, em troca, pagará juros pelo crédito.

A casa própria

Eu e minha mulher estamos em dúvida entre comprar um imóvel novo ou um antigo. A primeira opção é comprar um apartamento de três quartos na planta, no valor de R$ 166 mil, que ficará pronto em dois anos. A entrada seria de R$ 30 mil e o saldo devedor de R$ 132 mil, financiado por um banco. O saldo será atualizado pelo INCC (Índice Nacional da Construção Civil) até a entrega do imóvel. A segunda opção é financiar um imóvel antigo, de dois quartos, no valor de R$ 140 mil. A entrada seria a mesma, de R$ 30 mil, e o saldo devedor de R$ 110 mil, também financiado. Minha renda líquida é de R$ 2.900 mensais e tenho despesas da ordem de R$ 2.500. Isso deixa uma sobra mensal de R$ 400. Meu aluguel é de R$ 600. O que fazer? Será que devo trabalhar e poupar mais um pouco para realizar o sonho da casa própria depois? – Alexandre

Eu compraria o imóvel usado. Você está pagando um aluguel relativamente alto para sua renda, e o preço dos imóveis tende a subir mais. Acho melhor garantir logo sua casa própria. No entanto, parece-me que você ainda não encontrou um bom imóvel usado. Pesquise mais. Essa decisão será uma das mais importantes de toda a sua vida financeira. Vale a pena ampliar o número de imóveis que estão em seu radar. Seu objetivo deve ser encontrar um apartamento maior, com uma entrada não superior a R$ 30 mil. O mercado de imóveis usados é muito heterogêneo. Sempre existem vendedores flexíveis que podem lhe oferecer preços e prazos mais adequados a seu bolso. Não se deixe seduzir pela oferta do apartamento na planta, porque você ainda terá de pagar aluguel durante dois anos, e o *INCC* tende a subir nos próximos meses, devido ao fortíssimo aquecimento do setor. Além disso, um imóvel usado tem a "vantagem da coisa feita": você sabe exatamente o que está comprando. Pode-se livrar, assim, do risco de receber algo diferente do que sonhava quando lhe mostraram a planta e os lindos desenhos no estande de vendas da construtora. Resumindo: compre um imóvel usado maior, com financiamento bancário.

Financiamentos imobiliários

Estou com 32 anos e sou médico. Minha renda mensal líquida é de R$ 6 mil. Tenho R$ 40 mil aplicados no mercado financeiro – R$ 20 mil em fundos de renda fixa, R$ 13 mil na poupança e R$ 7 mil de FGTS. Pretendo comprar um apartamento de R$ 250 mil em dois anos. Já pensei em consórcio e financiamento. Mas achei os juros absurdos. Um financiamento de R$ 200 mil por 30 anos custaria ao final mais de R$ 600 mil. No consórcio, eu ficaria à mercê da sorte. Por isso, penso em guardar mais dinheiro nos próximos dois anos para poder financiar uma quantia menor no futuro. Qual é a sua opinião? – Milton

Eu faria um financiamento pelo SFH (Sistema Financeiro da

Habitação) para comprar um imóvel usado, se possível seminovo. Os preços dos imóveis estão subindo e parece que ainda vão longe. No consórcio, os azarados só receberão a carta de crédito no final e tendem a perder essa fase de alta. É provável que daqui a dez ou quinze anos o valor do crédito, corrigido pela inflação, só permita a compra de um imóvel de características inferiores às que você tem em mente. Caso você mantenha o dinheiro na renda fixa e continue como inquilino, pagará em aluguel o equivalente a mais de três vezes o valor do imóvel. Tem mais: dinheiro na mão é um perigo. Receio que você gaste mais que o habitual ao ver o saldo de suas aplicações subir a cada mês. E, hoje, metade de suas economias está no FGTS, que rende pouco, talvez menos que os imóveis. Vale a pena aplicar em tijolos o quanto antes. Se sua renda aumentar, você poderá liquidar o financiamento antes do prazo.

Obra interrompida

Eu e meu marido resolvemos demolir nossa casa e construir um prédio com quatro moradias: uma nossa e três para alugar ou para moradia futura de nossos filhos. Porém a previsão financeira falhou e tivemos de interromper a obra. O pior é que fizemos uma dívida bancária até 2011. A obra está em fase de acabamento e, por ficar parada por muito tempo, pode se deteriorar. O que devo fazer? Pensei em vender o outro imóvel que temos para terminar o prédio e alugar os apartamentos para pagar as dívidas. Mas tenho medo de tomar a decisão errada. – Cláudia

Descobrir que o dinheiro acabou antes de terminar a obra é um pesadelo que muita gente vivencia. Primeiro, porque vai haver uma depreciação acentuada dos materiais. Segundo, porque pode haver invasões. E, terceiro, porque tendemos a fazer uma autocobrança constante: "Preciso terminar a obra..." Para resolver o problema, eu me arriscaria a vender o segundo imóvel e a aplicar todo o dinheiro na obra. Mas cuidado para não se equivocar de novo. Será que o dinheiro é realmente suficiente para finalizar o prédio? Se não for, melhor fazer um corte no projeto e adequá-lo à nova realidade. O importante é que você não passe pelo pesadelo de novo. Obra parada tem muito pouco valor comercial. Os potenciais compradores temem que tenha havido algum problema técnico na construção ou preferem começar tudo do zero, num terreno limpo, de acordo com seus sonhos pessoais. A lição é que, na hora de construir sua casa, convém ser conservador. Procure não exagerar nos detalhes nem personalizar demais a obra. Um dia, você ou seus filhos podem decidir vender a propriedade. Facilite as coisas.

DINHEIRO NA MÃO É VENDAVAL

Eu e minha mulher somos advogados e temos uma renda em torno de R$ 5 mil. Tentamos ser bastante econômicos, por sermos profissionais liberais. Atualmente, temos cerca de R$ 20 mil na poupança, R$ 12 mil em fundos de ações e R$ 10 mil em CDBs. Temos também um apartamento financiado, cujo saldo devedor é de aproximadamente R$ 36 mil, com juros de TR + 12% ao ano. Faltam dez anos para a quitação. Do ponto de vista financeiro (mais objetivo), vale a pena quitar o imóvel, descapitalizar e ficar vulnerável em caso de eventuais dificuldades? Ou é melhor continuar pagando as prestações? E do ponto de vista subjetivo? – Gustavo

Como diz a música, dinheiro na mão é vendaval. Por isso, "subjetivamente" será melhor quitar a dívida para não cair na tentação de gastar demais depois de conferir os bons números que vocês mantêm no mercado financeiro. Despesas não essenciais são mais facilmente aceitas quando se sabe que há dinheiro "sobrando" no banco. Tecnicamente, também será melhor quitar a dívida. Na poupança, vocês vêm recebendo menos da metade dos juros que o financiamento cobra. Nos CDBs, também não conseguem acompanhar os reajustes no saldo devedor do empréstimo. Resta-lhes enfrentar os riscos do mercado de ações. É bem verdade que vocês foram privilegiados pelos rendimentos da bolsa nos últimos anos, mas, aqui entre nós, não dá para contar com a sorte o tempo todo. O único ponto negativo na estratégia de quitar integralmente a dívida é a severa redução da reserva para emergências por alguns meses. Recomendo bastante cautela durante o período em que vocês tiverem poucos recursos nas aplicações. Ainda assim, penso que vale a pena ousar. Quite seu financiamento e comemore a meta alcançada!

Imóveis x outros investimentos

Tenho disponíveis R$ 100 mil para aplicar em algo rentável. Esse é o valor de minha única casa, que vendi recentemente. Pensei em adquirir outra como investimento, já que o mercado imobiliário está em alta, mas sei que, apesar da valorização, imóveis exigem manutenção e geram aborrecimentos. Estou inclinada a investir em ações, talvez da Petrobras. Gostaria de ter um maior rendimento. O que você sugere? – Sonia

Investir em ações é muito mais instável que em imóveis. Tenha cuidado antes de se aventurar no mundo selvagem da renda variável. Em seu lugar, eu pensaria em voltar ao mercado de imóveis, comprando uma pequena propriedade que lhe gere um bom aluguel. Imóveis simples exigem menos gastos de manutenção e proporcionam um rendimento porcentualmente maior. O aquecimento no mercado imobiliário parece estar apenas no início. Também seria recomendável manter uma parte de seu capital (cerca de 15%) numa reserva de emergências em renda fixa. Nesse sentido, CDBs ou Tesouro Direto seriam interessantes e proporcionariam uma confortável liquidez. Depois disso, pense em iniciar lentamente aplicações em fundos de ações com o dinheiro que você conseguir poupar dia a dia. Seguindo esse roteiro, você terá mais tranquilidade para alcançar seus objetivos finais.

JUROS DE FINANCIAMENTOS

Tenho 28 anos e vou me casar em abril do ano que vem. Nos últimos três anos, fiz um grande sacrifício: deixei de trocar de carro, trabalhei vários fins de semana, cortei todo tipo de gasto desnecessário e consegui formar uma poupança de R$ 50 mil. Meu objetivo, com minha namorada, é comprar um apartamento de R$ 135 mil e financiar o saldo em 15 anos. Descobri que há duas opções de taxas de juro, a prefixada e a pós-fixada. É arriscado usar a taxa pós-fixada nesse tipo de financiamento? Você acha que essa onda de aumentos na inflação pode pressionar muito os juros futuros? – Décio

Sim. Não dá para garantir o que vai acontecer ao longo do contrato inteiro. As taxas prefixadas costumam ser bem mais confortáveis para quem é conservador ou teme enfrentar dificuldades para pagar prestações que crescem com os índices de inflação.

Quem não conseguir se enquadrar nos financiamentos com taxas prefixadas deverá preferir aqueles corrigidos pela TR. Nos últimos doze meses, a TR acumulou uma alta inferior a 1%. Pode parecer uma barbada, mas os bancos cobram juros adicionais, além da variação da TR. Como eles sabem que a TR sobe pouco, procuram aumentar os juros que compõem a taxa final. Ainda assim, essa costuma ser a melhor opção. O maior perigo mesmo é contrair dívidas corrigidas por índices como IGP-M, INCC e IPCA. Ninguém garante que sua renda vai acompanhar as variações desses indicadores. Por isso, todo cuidado é pouco. O melhor é optar pelos juros prefixados e, se isso não for possível, pelos financiamentos pós-fixados indexados à variação da TR.

A hora certa

Eu e meu marido moramos com meus pais e estamos procurando um apartamento para comprar. O mercado imobiliário está aquecido e tudo está muito caro. Achamos um imóvel no valor de R$ 140 mil. Temos uma poupança no valor de R$ 50 mil que formamos para isso. Inicialmente, pensávamos em usá-la para dar uma entrada e financiar o restante em 20 anos. Será que neste momento seria melhor alugar em vez de comprar um imóvel e deixar os R$ 50 mil rendendo no mercado financeiro para esperar uma baixa nos preços? – Laura

O mercado de imóveis residenciais está mesmo em alta. E isso deve ser só o começo de um longo ciclo de alta. Com a redução dos juros e o aumento dos prazos de financiamento, a procura deverá aumentar muito nos próximos anos. E deverá puxar também os aluguéis, principalmente os dos imóveis mais simples. Receio, portanto, que você possa fazer um negócio pior se ficar esperando um momento de baixa no mercado. Na hora de comprar, prefira os imóveis usados financiados pelo Sistema Financeiro da Habitação (SFH). E agradeça a seus pais o privilégio que eles concederam ao jovem casal. Boa parte de sua poupança se deve à economia que vocês puderam fazer ao não pagar aluguel enquanto moram com eles.

SEU SONHO É SEU ESTÍMULO

Tenho 26 anos e um apartamento próprio, mas pretendo vendê-lo para comprar outro maior. Preciso de R$ 50 mil para pagar a diferença. Como não pago aluguel, posso poupar R$ 1.000 por mês. A dúvida é a seguinte: mesmo podendo esperar, é melhor pegar um financiamento de R$ 50 mil em 20 anos e trocar o apartamento agora ou aplicar em poupança até somar a quantia necessária? – José Roberto

Se você tomar o financiamento agora, pagará juros em troca do benefício de morar de imediato num apartamento maior. Se você poupar agora e só trocar de casa quando tiver todo o dinheiro necessário na mão, terá de esperar longos quarenta e quatro meses, considerando uma rentabilidade líquida de 0,7% ao mês na renda fixa. Uma provável valorização do imóvel pode superar os ganhos nas aplicações de seu capital, o que prejudicará essa última estratégia. Eu ainda prefiro a segunda hipótese: adiar a compra e poupar intensivamente. O sonho do imóvel novo funciona como um grande estímulo para incrementar a capacidade de poupança e reduzir substancialmente o prazo de quarenta e quatro meses.

Planejando a compra da casa

Tenho o equivalente a R$ 49 mil, sendo que R$ 40 mil estão em um fundo de renda fixa e cerca de R$ 9 mil em fundos de ações. Quero comprar um imóvel no valor atual de R$ 75 mil, em São Paulo, e para isso vou poupar R$ 1.200 por mês para juntar o restante. Como o imóvel também vai se valorizar, gostaria que me indicasse em quais fundos de investimentos devo aplicar para conseguir realizar a compra no prazo de 24 meses, acompanhando a valorização do imóvel. – Sandra

Infelizmente, no Brasil, ainda não temos um produto financeiro que atenda as suas necessidades. No exterior, existem instrumentos sofisticados que lhe permitiriam trocar os juros por um índice de valorização dos imóveis. Lá também existem fundos imobiliários que investem em milhares de propriedades, inclusive residenciais. No Brasil, o setor de fundos imobiliários é promissor, mas ainda muito limitado. Quase sempre as aplicações são feitas apenas em um ou dois empreendimentos comerciais ou industriais cujas valorizações podem ser bem diferentes daquelas do apartamento que você deseja. Ou seja, você realmente está exposta ao risco de uma forte alta nos preços dos imóveis se demorar a comprar. A única saída seria fazer essa aquisição já. Num financiamento bancário, você pagará juros, mas deixará de pagar aluguel. Num parcelamento direto com o vendedor do imóvel, você abrirá mão de um possível desconto e aceitará juros embutidos nas prestações. Como você já dispõe da maior parte do capital, penso que vale a pena comprar o imóvel logo, mesmo tendo de pagar um pouco de juros. Mas pesquise bastante até encontrar o imóvel ideal.

FINANCIADO X À VISTA

Quero comprar um imóvel e tenho uma renda mensal de R$ 3 mil. O banco só financia 80% do valor. Um financiamento de R$ 70 mil por 30 anos teria uma prestação de R$ 775,90, com juros de 8,16% ao ano mais a variação da taxa referencial (TR). Não é melhor juntar o dinheiro todo mês e comprar o imóvel à vista? – Haroldo

Se você investisse R$ 775,90 a juros de 0,5% ao mês, conseguiria acumular os R$ 70 mil em setenta e cinco meses, ou seis anos. O que falta em seu raciocínio? Você também terá de pagar o aluguel enquanto estiver poupando. Além disso, sua poupança precisará acompanhar a valorização real (acima da inflação) do imóvel que pretende comprar. Nesse período, se você tiver de pagar um aluguel de R$ 500 por mês, vão lhe sobrar só R$ 275,90 para poupar. O prazo para atingir o valor integral do imóvel, em valores atuais, subirá para mais de quinze anos. Tem mais uma coisa: poucos têm a disciplina de poupar sistematicamente durante tanto tempo. A maioria desiste logo e permanece como inquilino. Enfim, se você quer fugir do aluguel, penso que as condições oferecidas por seu banco sejam aceitáveis. Caso você não se sinta confortável em fazer um financiamento indexado à TR, diversos bancos oferecem crédito imobiliário com taxas prefixadas por até trinta anos. As taxas são as menores das últimas décadas e o valor da prestação será o mesmo até o fim do contrato.

Pagando empréstimo

Tenho um saldo devedor de um financiamento imobiliário de R$ 133 mil, a vencer em 180 meses. Apliquei o dinheiro da venda de outro imóvel em fundo DI, cujo ganho cobre o valor das prestações. Devo sacar tudo e quitar a dívida ou continuar pagando as parcelas e manter o capital investido como garantia para emergências? – Rose

Compare a taxa anual de juro de seu financiamento com a da aplicação. Se os juros do empréstimo forem mais altos, como é mais provável, faça a quitação. Caso contrário, fique atento a um fator psicológico: ao deixar de quitar a dívida e manter esse capital aplicado, você pode ter a falsa sensação de riqueza e gastar demais. Outra coisa: na hora de fazer os cálculos, lembre-se de que o ganho das aplicações financeiras é sujeito a tributação. Em resumo: tanto do ponto de vista financeiro quanto psicológico, pagar o empréstimo deve ser a melhor solução.

Vale a pena entrar num consórcio de imóveis?

O consórcio de imóveis é um grande negócio para quem tem sorte e é premiado logo no início. Os agraciados conseguem comprar a casa própria sem pagar juros, apenas uma correção pela inflação, mais as taxas da administradora. Muito simples e barato.

Mas quem banca isso? Não é a administradora. São os azarados que não conseguem ser premiados no início. Eles passam dez, doze ou até quinze anos pagando prestações do consórcio, mais aluguel. Bancam a alegria dos sortudos que ficaram no início da fila. Os azarados emprestam dinheiro sem juros aos sortudos.

É bom saber que a probabilidade de ser sorteado em primeiro lugar é exatamente igual à de ser o último da fila. E os administradores agradecem. Afinal, receber para organizar essa fila é um negócio de baixo risco. Melhor ainda quando alguém dá um lance e paga adiantado boa parte das taxas de administração.

Por que os consórcios de imóveis vendem tanto? Porque todo mundo que eu conheço se julga sortudo e imagina que será premiado logo nos primeiros anos. Nunca encontrei alguém que entrasse num consórcio de imóveis pensando em comprar a casa própria dali a quatorze anos. Só que o papel do azarado precisa ser preenchido por alguma pessoa...

Em resumo, o consórcio de imóveis é assimétrico: bom para quem tem sorte, ruim para quem é azarado e ótimo para quem administra.

IMÓVEIS NA PLANTA

Muita gente está comprando imóveis na planta para tentar obter um grande lucro depois. Algumas construtoras falam que há espaço para isso hoje. Será que não estamos vivendo uma bolha imobiliária? Ainda é um bom investimento comprar imóveis na planta para revender? – Paulo Henrique

Imóvel na planta quase sempre é um ótimo negócio para a construtora. Ela aproveita o momento aquecido da economia e já vai trabalhando com o dinheiro do cliente. Se não errar nas previsões de custo, pode conseguir um bom lucro. Para o comprador, a revenda do imóvel na entrega das chaves também pode gerar lucro. Mas nem sempre é assim. Se o boom imobiliário continuar, ótimo. Certamente, haverá alguém disposto a pagar um bom ágio quando o apartamento estiver pronto.

É preciso levar em conta que, ao comprar um imóvel na planta, o investidor perde a oportunidade de aplicar seu capital em renda fixa. Há também o risco de o apartamento não ficar tão bom quanto o desenho da planta indicou. Os defeitos de um apartamento serão sempre mais transparentes na entrega da chave que num estande de vendas. Além disso, há o risco de a economia brasileira esfriar. Nesse caso, o comprador na planta terá dificuldades na revenda. Sem falar na hipótese de a construtora enfrentar dificuldades técnicas ou financeiras que levem a um atraso na entrega das chaves.

Em resumo, a compra de um apartamento na planta pode dar bons lucros, mas é um negócio arriscado. O difícil é dizer se esse risco será compensado pela rentabilidade quando o imóvel ficar pronto.

Imóvel comercial

Estou juntando dinheiro para construir um galpão comercial/industrial para alugar para pequenas empresas. O que vale mais a pena, em termos de risco e retorno: um galpão de 1.200 metros quadrados ou três de 400 metros quadrados ? – Valdir

No mercado de imóveis, geralmente, quanto menor e mais simples a propriedade, maior sua liquidez. Isso vale para a revenda e para o aluguel. Além disso, penso que é melhor diversificar sua fonte de renda entre três pequenas empresas do que ficar exposto ao risco de apenas um inquilino.

SAC OU PRICE?

Meu marido e eu estamos pensando em sair do aluguel e financiar um apartamento. Encontramos um apartamento seminovo no valor de R$ 200 mil. Qual seria a melhor tabela no financiamento? A que as prestações vão baixando com o passar dos anos (SAC) ou aquela em que as prestações sobem (Price)? – Patrícia

A tabela SAC (sigla para Sistema de Amortização Constante) é para os conservadores: prestação alta no início e decrescente ao longo dos anos. A tabela Price é para os otimistas: prestação baixa no início e crescente ao longo do tempo. Quem espera que sua renda no futuro seja maior que a de hoje deve preferir a tabela Price e pleitear um apartamento melhor. Quem não tem certeza sobre os ganhos no futuro deve ser conservador e optar pela tabela SAC.

O importante é não ficar inadimplente com o banco. Já se foi o tempo em que era possível "empurrar com a barriga" a dívida do Sistema Financeiro de Habitação (SFH). Hoje, os bancos conseguem retomar o imóvel em poucos meses.

Capítulo 5

Sua empresa

Como ganhar dinheiro com um negócio próprio e ainda ter tempo para curtir a vida?

O capitalismo brasileiro está passando por uma grande evolução. Restaurantes, livrarias e confecções criados por empreendedores visionários começam a ser adquiridos por grandes fundos de investimentos (*private equities*). Eles estão ávidos por imprimir processos ainda mais eficientes a empresas que já cumpriram, com grandes méritos, a primeira etapa de sua vida. No mesmo sentido, um programa inovador abriu para empresas de médio porte a perspectiva de ter ações listadas em bolsa. Arregaçar as mangas voltou a valer a pena.

COMO AUMENTAR O LUCRO DE SUA EMPRESA?

Reduzir custos geralmente é uma tarefa desagradável. Existe até aquela frase popular: "estão fazendo economia de palitos". Mas uma pequena redução nos custos de uma empresa geralmente exerce um grande impacto sobre o lucro.

Reflita sobre este exemplo: uma empresa com vendas de R$ 100 mil e custos totais de R$ 95 mil gera um lucro de R$ 5 mil. Imagine que se consiga uma redução de 3% nos custos; em vez de R$ 95 mil, teremos R$ 92 mil de custos, o que vai gerar um lucro de R$ 8 mil, em vez dos R$ 5 mil anteriores. Qual foi a variação do lucro? De 60%. Isso mesmo, o pequeno corte de 3% nos custos resultou em um aumento de 60% no resultado líquido da empresa.

Tradicionalmente, há espaço para cortes em despesas administrativas. Mas até a área comercial pode pesar. Pode ser que alguns clientes estejam gerando margem negativa – ou seja, custa muito servi-los e não vale a pena mantê-los. Outro grande desafio é administrar o capital de giro. Mesmo operando com lucro, muitas vezes o capital fica preso no estoque ou nos créditos a receber. Algumas sugestões:

1. Se você vende a prazo, tenha muito cuidado para não estabelecer prazos muito longos, pois é impressionante como esses prazos sugam capital de giro.

2. Cogite contratar um serviço de análise de crédito. Há pacotes especiais para pequenas empresas. Custam caro, mas funcionam como uma bússola.

3. Inicie rápido a cobrança de clientes em atraso. Não economize em correio e telefonemas.

4. Monitore com precisão o estoque e observe as mercadorias que giram pouco. Talvez uma promoção o ajude a se livrar dos itens muito "lentos".

5. Exija de seus fornecedores prazos curtos para que eles reponham sua matéria-prima. Com isso, você conseguirá manter estoques bem menores.

6. Evite comprar imóveis ou equipamentos com dinheiro que talvez faça falta no capital de giro. Financiamentos como o Proger, disponível no Banco do Brasil e na Caixa, bem como algumas linhas de crédito do BNDES, com juros mais baixos e prazos longos, são interessantes. Como o custo do desconto de duplicata e de empréstimos a curto prazo é muito alto no Brasil, uma boa tática é manter muita gordura no capital de giro. Assim, pelo menos o pequeno empresário terá noites de sono mais tranquilo. Preste sempre atenção aos detalhes: eles fazem muita diferença.

Remando contra a maré

Depois de 12 anos de trabalho num grande banco brasileiro, montei um negócio próprio. Hoje, trabalho muito mais e tenho a impressão de que estou remando contra a correnteza. Continuo dependente de um banco. Só que, agora, como cliente endividado. A contabilidade de minha empresa praticamente inexiste, e eu nem sequer consigo ter ideia de alguma evolução em meu patrimônio. Isso tem saída? – Marcelo

Não é fácil ser empreendedor no Brasil, Marcelo. Conspiram contra os empresários as altas taxas de juros, a elevada e complicada tributação e as armadilhas da legislação trabalhista. Milhões de empresários brasileiros ficam, num primeiro estágio, sem controles contábeis. É uma fase em que o dono do negócio e seus familiares costumam ficar à frente da operação da empresa. Apenas uma parte consegue passar para o segundo estágio, no qual o empreendedor se transforma no líder de um negócio em expansão, com uma ou duas dezenas de empregados. Essa é uma fase muito dura na vida pessoal do empresário. Ele trabalha como um louco, encontra enorme dificuldade em montar um time em que possa confiar e tem a sensação de que não está saindo do lugar. Chega a ficar com saudade dos velhos tempos, em que era assalariado e recebia seu contracheque todos os meses.

A grande recompensa é reservada a uma minoria. É o terceiro estágio, quando o empreendedor vira um investidor, afastando-se do dia a dia dos negócios. Esse é o sonho dourado. Mas só é atingido por aqueles poucos que souberam criar sistemas que controlam os processos dentro da empresa. O investimento é feito na segunda fase e geralmente demora muito para amadurecer. Mas, quando o negócio se consolida, os ganhos financeiros são muito bons. Apesar dos pesares, empreender ainda vale a pena para muita gente no Brasil. Persista!

COMO É QUE ALGUÉM CONSEGUE GANHAR DINHEIRO COM UM NEGÓCIO PRÓPRIO E AINDA TER TEMPO PARA CURTIR A VIDA?

Há, essencialmente, três maneiras de fazer isso: montar uma empresa e vendê-la; estruturar um empreendimento que ande sozinho; ou sacar o fluxo de caixa que será gerado pelo negócio.

Se a empresa que você criou for realmente boa, ela deve atrair a atenção de outros investidores, que aceitarão pagar um prêmio por seu negócio já em funcionamento. É o que se chama de *goodwill* ou fundo de comércio. Uma loja de brinquedos não vale apenas por seu estoque ou pelo saldo no banco. Se ela tiver uma boa clientela, é bem possível que, mesmo com um novo proprietário, as vendas prossigam e continue havendo lucro.

Quem adquire uma empresa já funcionando está comprando esse fluxo de caixa a ser gerado no futuro. E, ainda por cima, não terá de perder tempo em montar tudo do zero, como fez o fundador.

Outra maneira de uma pessoa ganhar dinheiro com um negócio próprio e ainda ter bastante tempo livre é desenvolver uma empresa que funcione sem o dono. Dá muito trabalho no início, mas, em um estágio mais avançado, o proprietário contará com bons gerentes e administradores.

Os poucos empreendedores que atingem esse nível costumam ficar afastados do dia a dia da administração e participar apenas de decisões estratégicas. A parte operacional é totalmente delegada a uma equipe de profissionais bem treinados e confiáveis.

Uma forma muito usual é desenvolver um negócio que gere

um bom fluxo de caixa. Então, sacar a maior parte desse dinheiro e investi-lo no mercado financeiro.

Escritórios de advocacia, consultorias técnicas e clínicas médicas e odontológicas dificilmente conseguem compradores. Tampouco são o tipo de negócio ideal para ser administrado por funcionários, pois a operação costuma estar vinculada à imagem e ao estilo de trabalho de determinado profissional. Se esse é seu caso, a única saída é continuar gerando muito caixa e aplicar bem o dinheiro retirado. Em todos os casos, disciplina e um razoável conhecimento sobre o mundo dos investimentos são essenciais para que o profissional possa parar de trabalhar mais cedo.

Não estou satisfeito com o meu negócio. Gostaria de mudar algumas coisas. O que fazer para torná-lo mais rentável?

Quem sempre faz tudo do mesmo jeito costuma chegar ao mesmo lugar. Quem não está satisfeito deve pensar seriamente em mudar. Selecionei algumas frases provocativas, citadas em manuais de administração:

Não trabalhe dentro do seu negócio, trabalhe para seu negócio.

A sutil diferença entre "dentro" e "para" faz grande contraste nas empresas. Ray Kroc, o grande administrador do McDonald's, nunca pensou em fritar hambúrgueres. Seu objetivo era crescer. Por isso, ele soube pensar grande – para o negócio, e não apenas dentro dos limites de sua primeira lanchonete.

Ocupe o primeiro lugar na mente de seus clientes.

Se não conseguir isso, crie uma categoria em que seja mais fácil assumir a liderança. Você pode ser o melhor do bairro, ou o único que dá garantia por dois anos, ou o que atende com mais rapidez. O público adora comprar do líder. Por isso, descubra uma maneira de liderar.

Menos é mais.

Simplifique tudo. Imagine como deve ser o final e escolha o caminho mais simples. Quem não traça seu percurso acaba ficando à mercê dos ventos, no meio de um oceano desconhecido.

Corte atividades não lucrativas.

Procure ter controle absoluto sobre a rentabilidade gerada por seus clientes e por seus produtos. Não tenha medo de podar os galhos secos de sua árvore.

Aprenda a distinguir entre o que é urgente e o que é importante.

Que desculpas você continua dando a si mesmo para trabalhar em tudo, menos no que é mais importante?

ALMA DE EMPREENDEDOR

Tenho 32 anos, sou advogado e, desde 1998, trabalho no ramo de transporte de cargas. Mas, com o excesso de caminhões, pedágios e a estabilidade no preço do frete, estou indo para o buraco. Cada caminhão me dava uma renda líquida de R$ 2.500 por mês. Hoje, dificilmente alcança R$ 1.300. O que mais me tira o sono é que não estou conseguindo saldar minhas dívidas. Devo vender os caminhões e partir para outro negócio? – Mário

Até os bilionários já perderam milhões. Console-se. O mercado de transporte de cargas é muito competitivo. Não é fácil obter lucros extraordinários. É preciso muito trabalho, muita habilidade e muita sorte. O que fazer? Reavaliar sua vocação para empreender. Você realmente ama fazer negócios? Aceita ficar ligado na empresa vinte e quatro horas por dia, sete dias por semana, em busca de uma grande recompensa? Se a resposta vinda de seu coração for positiva, continue a vida de empresário e estude mudar de ramo. Se a resposta for negativa, perceba que você é muito jovem e tem um valioso diploma nas mãos, capaz de lhe garantir uma confortável renda como profissional liberal ou funcionário público. Se você preferir atuar em outro ramo de negócio, é melhor conhecê-lo bem antes de concretizar seus planos. Procure algo que tenha a ver com sua história de vida e com sua formação. Que tal testar seu apetite para o trabalho no novo empreendimento sendo um simples empregado no ramo? Muitos garçons se tornam prósperos donos de restaurantes e muitos motoristas montam transportadoras vitoriosas. Eles "curtiram a pele no sol" antes de arriscar o pouco dinheiro que tinham. Enfim, estude criteriosamente outros ramos antes de apostar seu capital novamente.

CAPÍTULO 6

SUA APOSENTADORIA

Os mais conservadores tendem a acumular dinheiro em excesso para a terceira idade. Os desajuizados, ao contrário, deverão enfrentar uma escassez de recursos. O que fazer?

Ao contrário do que muita gente imagina, o maior desafio financeiro de nossas vidas não é a compra de um carro novo ou da casa própria. O mais difícil de tudo é conseguir uma boa poupança, suficiente para que possamos nos manter com dignidade durante a terceira idade. Pequenas quantias poupadas na juventude transformam-se facilmente em centenas de milhares de reais ao fim de trinta anos.

A terceira idade hoje é chamada de "melhor idade": são os anos de poder. Atores com mais de 60 anos continuam fisicamente atraentes. Estudiosos ainda estão intelectualmente aptos e pais aproveitam a maior liberdade, depois que seus filhos saíram de casa. Se você ainda tem medo dessa fase da vida, saiba que 77% da riqueza dos Estados Unidos está nos bolsos das pessoas com mais de 50 anos. São as grandes consumidoras de carros de luxo, produtos de beleza e tecnologia. No Brasil, não será muito diferente. Não tenha medo de chegar aos anos de poder, mas se prepare antes!

A conquista da independência financeira para garantir uma aposentadoria tranquila é o sonho de quase todo mundo hoje. Com a redução dos benefícios pagos pela Previdência Social, tornou-se fundamental formar uma poupança particular para chegar à terceira idade com qualidade de vida. O investimento em fundos de previdência gerenciados por profissionais experientes de mercado é o caminho preferido por um número cada vez maior de brasileiros de todas as faixas de renda.

Renda vitalícia

Sou dentista, tenho 33 anos e uma renda mensal, com meu consultório, de R$ 15 mil. Já acumulei uma poupança de R$ 1,3 milhão em diversos tipos de aplicação, como renda fixa, *ações e imóveis. Consigo poupar R$ 10 mil por mês. Gostaria de saber quanto terei de acumular para não depender de meu trabalho daqui a dez anos e ter uma renda vitalícia de R$ 12 mil por mês sem perder meu poder de compra. É um sonho possível? – Leonardo*

Com sua grande capacidade de poupar, você deverá atingir sua meta em pouco tempo. É provável que você possa chegar lá sem correr grandes riscos, aplicando apenas em ativos de renda fixa. A aplicação em títulos públicos federais de longo prazo por meio do Tesouro Direto é uma boa opção. Os papéis pagam hoje cerca de 6% ao ano de juros fixos, fora a correção monetária. Nesse ritmo, você terá sua independência financeira antes de se tornar um quarentão. Quando você acumular uma poupança de R$ 2,18 milhões, terá o rendimento mensal de R$ 12 mil que deseja, corrigido pela inflação, durante quarenta anos. Mas, como você ainda é jovem, pode também colocar parte de seu dinheiro em aplicações de risco, como as ações. No longo prazo, o investimento em ações tende a render muito mais que a renda fixa, compensando as quedas que possam ocorrer no curto prazo. Se o Brasil crescer de forma sustentada nos próximos anos, como se espera, isso deverá se refletir na melhoria dos resultados das empresas, estimulando a alta das cotações das ações e uma maior distribuição de lucro aos acionistas.

UM PLANO DE PREVIDÊNCIA PRIVADA PGBL COBRA TAXA DE ADMINISTRAÇÃO DE 3% AO ANO E TAXA DE CARREGAMENTO DE 1% SOBRE OS DEPÓSITOS DE ATÉ R$ 3 MIL. OUTRO PLANO COBRA TAXA DE ADMINISTRAÇÃO DE 1% AO ANO, MAS A TAXA DE CARREGAMENTO É SEMPRE DE 2%. QUAL É A MELHOR OPÇÃO?

No longo prazo, o impacto da taxa de administração tende a ser bem maior que o da taxa de carregamento (que é um porcentual que a instituição financeira cobra pelas despesas com corretagem e venda do plano). Para cada R$ 1 que você investir, a taxa de carregamento será cobrada apenas uma vez, no dia do depósito. Já a taxa de administração será cobrada todos os anos (será descontada proporcionalmente todos os dias, para ser mais preciso). Além disso, a taxa de carregamento é cobrada apenas sobre o capital depositado. A taxa de administração incide também sobre os rendimentos. Depois de alguns anos, os ganhos acumulados costumam superar o volume total de depósitos. Ou seja, a taxa de administração, que também atinge os rendimentos, acaba saindo bem mais cara. Por isso, aconselho o segundo plano. Faça só depósitos anuais. Os depósitos mensais podem ir para o Tesouro Direto (www.tesourodireto.gov.br). As taxas são bem mais baixas, e o risco, ainda menor.

QUANDO O JOGO ESTÁ NO FIM

Disponho de R$ 20 mil para aplicação imediata e R$ 2 mil mensais. Estou com 64 anos. Jamais apliquei ou guardei um centavo. Sou completamente analfabeto em matéria de finanças. Nunca dei valor ao dinheiro. O que ganho gasto. Tenho só uma residência financiada a longo prazo e um carro. Pergunto: ainda dá para fazer alguma coisa a esta altura do campeonato? – Edson

Você é um bom candidato para comprar títulos públicos federais no Tesouro Direto (www. tesourodireto.gov.br). Com R$ 20 mil disponíveis mais compras adicionais de R$ 2 mil por mês, poderá acumular cerca de R$ 200 mil quando atingir 70 anos (daqui a seis anos, portanto). Isso vai lhe assegurar uma renda complementar mensal de R$ 1.000. Pouco, não é mesmo? Por isso, os mais jovens não podem perder a oportunidade de investir cedo e colocar o tempo a seu favor.

Se você conseguir trabalhar mais um pouco, até os 74 anos, acumulará R$ 352 mil, quantia suficiente para lhe dar uma renda extra mensal de R$ 1.700. Fiz todos os cálculos considerando um rendimento de 6% ao ano acima da inflação e sem levar em conta a corrosão do capital. Ou seja, estou sendo conservador.

Dicas: na hora da compra, procure um banco ou uma corretora que cobre no máximo 0,5% de taxa de administração. Sugiro também que você monte uma carteira com diferentes tipos de papéis, com prazos variando entre cinco e quinze anos. Não caia na tentação de turbinar seus ganhos com investimentos mais arriscados. Você precisa ser muito conservador a esta altura do campeonato.

É MELHOR CONSUMIR OU POUPAR PARA O FUTURO?

Pode parecer estranho, mas nosso maior desafio financeiro tem raízes na medicina. Até hoje, nenhum exame laboratorial foi capaz de dizer a data exata de nossa morte. Por isso, não conseguimos estimar de quanto vamos precisar para nos manter com dignidade até o fim da vida. Os mais conservadores tendem a acumular dinheiro em excesso para a terceira idade. Os desajuizados, ao contrário, deverão enfrentar uma escassez de recursos. O que fazer? Renunciar ao consumo hoje para ter um conforto maior amanhã? Ou aproveitar a vida agora, mesmo que falte dinheiro depois? A escolha é sua!

POR QUE COMPENSA O SACRIFÍCIO DE POUPAR?

Poupar é adiar o consumo presente, visando a um consumo maior no futuro. As pessoas poupam com dois objetivos básicos: consumir mais ou enfrentar o declínio que a natureza impõe à capacidade produtiva do homem após certa idade. Tais propósitos garantem, na prática, uma compensação para o sacrifício de não consumir hoje, de gastar menos do que nossa renda permitiria e de acumular reservas a serem usadas no futuro.

PARA NÃO CONSUMIR O PATRIMÔNIO

Tenho 66 anos e estou pendurando a gravata em troca de um tênis. Tenho alguma coisa como R$ 2 milhões em dinheiro e um gasto mensal de R$ 15 mil. Como devo dirigir as aplicações para garantir renda com um mínimo de impacto no capital? – Roberto

Parabéns pelo sucesso em acumular esse patrimônio! Para ter uma renda mensal de R$ 15 mil e ainda preservar o capital, você precisará obter um rendimento líquido de 0,75% ao mês, acima da inflação, continuamente. Há poucos anos, você poderia fazer isso facilmente aplicando em renda fixa. Hoje, obter um rendimento assim não é trivial. Com a queda dos juros, seu objetivo será cada vez mais difícil no futuro. Uma alternativa bem conservadora seria comprar papéis do Tesouro Direto (www.tesourodireto.gov.br) que pagam, depois de descontar o Imposto de Renda e as tarifas dos bancos, cerca de 0,35% ao mês além da correção pelo IPCA (inflação). Assim, você poderia contar com uma renda perto de R$ 7 mil e ainda deixar o capital como herança para seus familiares. Se você realmente quiser manter o padrão de gastos de R$ 15 mil por mês, terá de abrir mão, lentamente, de seu capital. No mesmo Tesouro Direto, você poderia sacar cerca de R$ 15 mil por mês, corrigidos pela inflação durante quinze anos, aproximadamente. Você poderia pensar em alternativas mais rentáveis. Fundos de ações que pagam bons dividendos seriam indicados para alocar até 20% de seu capital. Fundos imobiliários chegam a obter rendimentos superiores a 0,7% ao mês, livres de impostos, e poderiam receber outros 20% de seu capital. Mas é bom lembrar que essas alternativas embutem riscos de mercado, ou seja, eventualmente podem gerar prejuízos. Por isso, eu manteria, pelo menos, 60% do capital no Tesouro Direto. Caminho menos prazeroso, mas bem mais seguro, é promover um corte em suas despesas mensais. Quem sabe, você consegue, com pouco esforço, reduzi-las para R$ 10 mil ou R$ 12 mil mensais? Isso vai lhe proporcionar muito mais tranquilidade na gestão de seu capital.

Sem garantias no futuro

Há anos pago, com coparticipação, um plano de saúde e, anualmente, vou a poucos médicos, pois sempre tive boa saúde. Custa-me R$ 173 por mês. Estou pensando em deixar de pagar o plano de saúde para aplicar em previdência privada. Penso em um investimento inicial de R$ 50 a R$ 100 mensais, para me aposentar em 20 anos. O que sugeriria? Seria mais vantajoso? – Luciana

Boa saúde no passado não é garantia de boa saúde no futuro. Planos cobrem exames e consultas simples que custam relativamente pouco, mas também hospitalizações que custam muito dinheiro. Considerando o forte impacto do custo de uma eventual hospitalização em seu patrimônio, você não deveria abandonar o plano de saúde. A previdência privada é importante também. Que tal cortar outras despesas menos relevantes para fazer sobrar dinheiro e acomodar esse novo item em seu orçamento doméstico? Assim, você garantiria tanto uma adequada cobertura para saúde quanto uma confortável aposentadoria em vinte anos. Esse esforço deve ser compensador, pense bem!

Os planos de previdência privada disponíveis no Brasil são boas opções de investimento?

Há bons e maus planos de previdência privada no mercado. Mas, de forma geral, eles evoluíram muito nos últimos anos – e para melhor. É importante ficar atento às taxas de administração cobradas pelas empresas do ramo. Não se deve pagar mais que 2% ao ano. Caso contrário, você deixará com o banco boa parte do que você vai ganhar com a aplicação do dinheiro. Alguns sindicatos e associações de classe, em parceria com grandes bancos e seguradoras, costumam oferecer planos com taxas bem reduzidas.

Os planos de previdência privada, como o Vida Gerador de Benefício Livre (VGBL) e o Plano Gerador de Benefício Livre (PGBL), as duas principais modalidades disponíveis no mercado, oferecem vantagens tributárias ao investidor, algo que os demais fundos de investimento não fazem. Os planos de previdência não trazem despesas na transmissão de heranças porque não entram no inventário. São características que podem fazer uma diferença significativa em seu futuro.

QUAL É A DIFERENÇA ENTRE PGBL (PLANO GERADOR DE BENEFÍCIO LIVRE) E VGBL (VIDA GERADOR DE BENEFÍCIO LIVRE)?

O PGBL é útil para profissionais que fazem declaração de Imposto de Renda pelo modelo completo. Eles podem abater as contribuições até o limite de 12% da renda bruta tributável. Na verdade, trata-se de um adiamento no pagamento do imposto. No futuro, na hora do saque, o poupador terá de pagar o imposto. Mesmo assim, tem-se aí uma grande vantagem para o aplicador, porque ele pode receber rendimentos sobre o imposto não pago durante o período de aplicação. Mas não vale a pena depositar no PGBL mais de 12% de sua renda tributável. Para quantias adicionais, o melhor é um VGBL. No VGBL, não há cobrança de IR sobre os depósitos, só sobre os rendimentos. Resumindo: prefira o PGBL para até 12% de sua renda tributável e o VGBL ou outras aplicações para um dinheiro extra.

QUANDO SE APOSENTAR, ONDE VOCÊ PRETENDE MORAR?

Muitos ficarão no mesmo lugar. Afinal, levaram anos para garantir um teto e não querem deixar a companhia de amigos e parentes. Em países de Primeiro

Mundo, com a grande facilidade das comunicações e dos transportes, muitos aposentados pensam diferente.

Escolher uma cidade com boa qualidade de vida e, principalmente, com um baixo custo pode fazer uma enorme diferença nos orçamentos domésticos. Mudar para um município com custos reduzidos pode significar até uma aposentadoria mais cedo.

Nos Estados Unidos e no Canadá, existem rankings sobre as melhores cidades para aposentados. Clima, qualidade do ar, transportes, restaurantes, teatros, clubes e custo dos imóveis são avaliados com critério rigoroso. Anualmente, as melhores cidades, segundo essa classificação, são retratadas em capas de diversas revistas, uma interessante orientação para quem deseja viver melhor na terceira idade.

E, no Brasil, como seria esse ranking? Provavelmente, a cidade de São Paulo estaria mal colocada. Apesar da efervescente vida cultural e de seus excelentes restaurantes, o custo de vida é alto e a qualidade do ar, do trânsito e da segurança vem se deteriorando muito. Que o digam os que sofrem com as inundações. O Rio de Janeiro é local tradicional para aposentados, que podem curtir suas inigualáveis belezas naturais e sofisticada vida cultural. Problemas: violência e custo alto. Belo Horizonte, Salvador, Curitiba, Brasília e Porto Alegre ainda têm grandes qualidades, mas como toda metrópole perderam importantes vantagens competitivas nos últimos anos. Florianópolis, Balneário Camboriú e Santos seriam boas alternativas. O problema está nos preços dos imóveis, que vêm subindo junto com o aumento da fama da cidade. No Nordeste brasileiro, há boas opções para uma vida calma a um custo reduzido. Maceió, João Pessoa, Aracaju e Natal saem na frente exatamente por ainda não serem tão grandes. E o interior do Brasil? Há excelentes opções em termos de custo de vida. Para os que abrem mão de restaurantes sofisticados e de eventos badalados, há centenas de ótimas alternativas nas cidades de porte médio: menos trânsito, menos filas, mais respeito pelos mais velhos. Escolher bem a porta de entrada de seu paraíso terá um grande impacto em suas finanças no futuro. Vale pesquisar bastante.

Complementando a aposentadoria

Sou aposentado e estou me desligando da empresa em que trabalho, por causa de sua dissolução e liquidação. Com a indenização que vou receber e mais algumas economias, terei em torno de R$ 100 mil. Para complementar minha aposentadoria, necessito de uma renda extra de R$ 1.000. Quais são as melhores aplicações para obter essa renda sem risco? – Paulo César

Não dá mais para conseguir rendimentos de 1% ao mês sem risco no Brasil. Uma opção seria aplicar no Tesouro Direto, em que você poderia garantir cerca de 0,5% ao mês, corrigido pela inflação. Alternativas mais rentáveis, mas bem mais arriscadas, seriam imóveis ou ações que pagam bons dividendos. Em seu caso, penso que você não deva correr tanto risco a esta altura. Minha conclusão: você vai precisar trabalhar um pouco mais para acumular um capital maior ou terá de fazer cortes em seu orçamento. Desculpe ter de lhe dar essa má notícia, mas essa deve ser a nova realidade num país com juros mais baixos.

O CONFORTO DE AMANHÃ

Sou formado há sete anos. Sinto-me frustrado porque, nesse período, tudo o que consegui foi comprar um carro de R$ 60 mil e manter uma poupança de R$ 7 mil. Não contribuo para a Previdência Social. Minha renda mensal é de cerca de R$ 4.500 e meus gastos ficam em torno de R$ 2.300. Minha preocupação maior é com a velhice. Não sei como investir hoje para ter conforto amanhã. O tempo passa e meu patrimônio não cresce. Como posso realizar o "milagre da multiplicação"? – Guilherme

Como acontece com quase todos os jovens profissionais, você deu prioridade à compra de um automóvel nos primeiros anos de carreira. Todo mundo sabe que o carro não é uma aplicação rentável. Ao contrário, acaba consumindo boa parte de sua renda. Isso explica a origem de sua preocupação atual. Mas tudo bem: essa etapa já está vencida. Pelo que você informa, parece haver bastante folga em seu orçamento. Ótimo! Mantenha os atuais R$ 7 mil como reserva para emergências em caderneta de poupança. Daqui para a frente, procure fazer investimentos que rendam mais e tenham uma barreira psicológica contra saques. Um plano de previdência do tipo VGBL (Vida Gerador de Benefício Livre) seria uma forma fácil de isolar o dinheiro do dia a dia daquele que será necessário para a aposentadoria. O Tesouro Direto (www.tesourodireto.gov.br), que permite a aplicação em títulos públicos de longo prazo pela internet, é ainda mais interessante, pois as taxas de administração são reduzidas. Como você é jovem, deve também investir em fundos de ações de forma lenta e gradual. E só. No mais, é concentrar-se para que continue sobrando um bom dinheiro em seu orçamento. A multiplicação precisará desse capital para começar.

PLANOS DE PREVIDÊNCIA: ANTIGOS X NOVOS

Tenho um plano de previdência desde 1999, com saída prevista para 2028, que prevê correção à base de juros de 6% ao ano mais IGP-M. A taxa de carregamento é de 9% ao ano. Há alguns anos, o banco propôs a migração para a modalidade PGBL ou VGBL, alegando que, com o mesmo valor mensal, eu poderia usufruir de um benefício maior. Mas, na dúvida, mantive o plano anterior. Qual é sua avaliação sobre a relação custo-benefício do meu plano diante dos "atuais", bem como sobre a remuneração? – Cíntia

Gosto dos planos de previdência antigos exatamente porque oferecem uma rentabilidade mínima garantida pelo administrador (banco ou seguradora). E, aqui entre nós, essa taxa de IGP-M + 6% ao ano, no longo prazo, é uma excelente remuneração. Considerando que as taxas de juro pagas pelo governo do Brasil devem declinar ainda mais, seu banco vai precisar suar a camisa para lhe pagar rendimentos tão elevados até 2028. Nos planos de previdência mais modernos (VGBL e PGBL), não há rentabilidade mínima garantida. Os administradores fazem apenas projeções, sem nenhum compromisso adicional. Seus ganhos dependerão muito dos juros que o governo futuramente pagará e do desempenho das bolsas, se você optar por planos mais agressivos. Ou seja, o resultado é pouco previsível.

COMO SE PREPARAR PARA A APOSENTADORIA

PREPARANDO A APOSENTADORIA

Tenho 27 anos e um salário líquido de R$ 7 mil. Guardo cerca de R$ 4.500 por mês. Gostaria de me aposentar aos 40 anos. Queria ter R$ 1 milhão investido e viver dessa renda. Trabalho com tecnologia e nem sempre sinto prazer em bater o ponto diariamente. Quero ser meu próprio chefe. Qual é o melhor investimento e quanto devo investir até lá? – Breno

Pelo seu padrão de vida hoje, R$ 1 milhão vai ser pouco para lhe trazer independência financeira. Para você receber R$ 7 mil por mês, vai precisar de uns R$ 2,8 milhões, que é pouco mais que US$ 1 milhão. Agora, os passos para você chegar lá nesses treze anos: invista em sua carreira atual. Isso significa encontrar mais motivação no dia a dia, para merecer promoções. Poupe muito, algo entre 30% e 50% de sua renda. O Tesouro Direto pode ser sua aposta conservadora e o fundo de ações a aposta agressiva. Tenha disciplina para não desistir de seu sonho.

Capítulo 7

Para colocar em prática

Todo brasileiro pode melhorar de vida se mudar um pouco sua relação com o dinheiro. E geralmente isso não é tão difícil de ser colocado em prática.

Para você que chegou até aqui, ofereço um roteiro, um plano de ação:

1

Descubra se você realmente leva vantagens ao usar seu cartão de crédito. Se ele for apenas um incentivo para gastar mais, deixe-o em casa e só o use em grandes compras, bem planejadas. Nada de se iludir com o dinheiro de plástico em compras por impulso.

2

Pague todas as suas dívidas que tenham juros altos. Vale manter apenas o financiamento imobiliário, desde que os juros sejam inferiores aos seus ganhos no mercado financeiro.

3

Solicite a seu banco uma transferência de um porcentual fixo do seu salário automaticamente para a conta investimentos. Faça isso logo no início do mês. E, se você tiver algum ganho extra, poupe-o imediatamente.

4

Evite comprar automóveis e eletrodomésticos a prazo. Poupe antes de trocar qualquer um desses bens e só compre à vista. Não tenha vergonha de pedir descontos. Quem paga à vista comanda a negociação.

5

Na hora de investir, não seja audacioso: diversifique os investimentos e nunca faça movimentos bruscos. Se gostar de aplicar em ações, entre devagar e só resgate aos poucos, suavizando a enorme instabilidade nos preços.

6

Tenha bons seguros de vida se você tem dependentes na família. Se você teme pelo futuro da saúde da seguradora, faça apólices de valores menores em diferentes seguradoras.

7

Suspeite de todos que lhe oferecerem grandes vantagens em investimentos alternativos. Como costumamos ouvir por aí: "Coisa boa nunca me procura, sou eu que tenho de me virar."

8

Dê educação financeira a suas crianças. Eles vão lhe agradecer no futuro. E seu bolso também vai respirar aliviado se você conseguir fazer com que seus filhos sejam equilibrados e independentes financeiramente.

9

Estude com seus filhos pequenos. Não confie apenas nas notas altas que os colégios divulgam nas provas. Nessa época em que ferramentas de marketing invadiram as escolas privadas, todo cuidado é pouco.

10

Ao se aposentar, tente manter alguma atividade rentável em tempo parcial. Faz bem para a mente, para o corpo e para o bolso.

11

Não deixe de aproveitar seu fim de semana!

EDITORA GLOBO

Preparação: Clim Editorial
Revisão: Ana Marques e Roseli Maria Ferreira Lopes
Fotos: Photodisc; exceto pág. 64: EyeWire
Capa: Duilio David Scrok
Paginação: epizzo
Foto de capa: Copyright © Arpad Nagy-Bagoly. Essa imagem foi fornecida pela agência Fotolia.

Texto fixado conforme as regras do novo Acordo Ortográfico da Língua Portuguesa (Decreto Legislativo nº 54, de 1995).

1ª edição, 2009

CIP-BRASIL. CATALOGAÇÃO-NA-FONTE
SINDICATO NACIONAL DOS EDITORES DE LIVROS, RJ

H183p

Halfeld, Mauro
Patrimônio : para você ganhar mais e viver melhor / Mauro Halfeld. - São Paulo : Globo, 2009.
il.

ISBN 978-85-250-4756-4

1. Finanças pessoais. 2. Poupança e investimentos. 3. Investimentos. I. Título.

09-3913. CDD: 332.024
CDU: 330.567.2

05.08.09 12.08.09 014298

EDITORA GLOBO S.A.
Av. Jaguaré, 1485 – São Paulo, SP, Brasil
05346-902
www.globolivros.com.br